# Peau noire
# masques blancs

# Du même auteur

L'An V de la révolution algérienne
*La Découverte, « Petite collection Maspero », 1959, 2001*

Les Damnés de la terre
*La Découverte, « Petite collection Maspero », 1961
et « La Découverte poche. Essais », 2003*

Pour la révolution africaine
*La Découverte, « Petite collection Maspero », 1964, 2001*

Sociologie d'une révolution
*La Découverte, « Petite collection Maspero », 1968*

*Frantz Fanon*

# Peau noire
masques blancs

**Éditions du Seuil**

WINGATE UNIVERSITY LIBRARY

La première édition de cet ouvrage a paru en 1952
dans la collection « Esprit »

ISBN 978-2-02-000601-9
(ISBN 2-02-002374-1, 1ʳᵉ publication)

© ÉDITIONS DU SEUIL, 1952

Le Code de la propriété intellectuelle interdit les copies ou reproductions destinées à une
utilisation collective. Toute représentation ou reproduction intégrale ou partielle faite par quelque
procédé que ce soit, sans le consentement de l'auteur ou de ses ayants cause, est illicite et constitue une
contrefaçon sanctionnée par les articles L 335-2 et suivants du Code de la propriété intellectuelle

# Introduction

Je parle de millions d'hommes à qui on a inculqué savamment la peur, le complexe d'infériorité, le tremblement, l'agenouillement, le désespoir, le larbinisme (A. Césaire, *Discours sur le Colonialisme*.)

L'explosion n'aura pas lieu aujourd'hui. Il est trop tôt... ou trop tard.

Je n'arrive point armé de vérités décisives.

Ma conscience n'est pas traversée de fulgurances essentielles.

Cependant, en toute sérénité, je pense qu'il serait bon que certaines choses soient dites.

Ces choses, je vais les dire, non les crier. Car depuis longtemps le cri est sorti de ma vie.

Et c'est tellement loin...

Pourquoi écrire cet ouvrage ? Personne ne m'en a prié.

Surtout pas ceux à qui il s'adresse.

Alors ? Alors, calmement, je réponds qu'il y a trop d'imbéciles sur cette terre. Et puisque je le dis, il s'agit de le prouver.

Vers un nouvel humanisme...

La compréhension des hommes...

Nos frères de couleur...

Je crois en toi, Homme...

Le préjugé de race...

Comprendre et aimer...

De partout m'assaillent et tentent de s'imposer à moi des dizaines et des centaines de pages. Pourtant, une seule ligne suffirait. Une seule réponse à fournir et le problème noir se dépouille de son sérieux.

Que veut l'homme ?

Que veut l'homme noir ?

Dussé-je encourir le ressentiment de mes frères de couleur, je dirai que le Noir n'est pas un homme.

Il y a une zone de non-être, une région extraordinairement stérile et aride, une rampe essentiellement dépouillée, d'où un authentique surgissement peut prendre naissance. Dans la majorité des cas, le Noir n'a pas le bénéfice de réaliser cette descente aux véritables Enfers.

L'homme n'est pas seulement possibilité de reprise, de négation. S'il est vrai que la conscience est activité de transcendance, nous devons savoir aussi que cette transcendance est hantée par le problème de l'amour et de la compréhension. L'homme est un OUI vibrant aux harmonies cosmiques. Arraché, dispersé, confondu, condamné à voir se dissoudre les unes après les autres les vérités par lui élaborées, il doit cesser de projeter dans le monde une antinomie qui lui est coexistante.

Le Noir est un homme noir ; c'est-à-dire qu'à la faveur d'une série d'aberrations affectives, il s'est établi au sein d'un univers d'où il faudra bien le sortir.

Le problème est d'importance. Nous ne tendons à rien de moins qu'à libérer l'homme de couleur de lui-même. Nous irons très lentement, car il y a deux camps : le blanc et le noir.

Tenacement, nous interrogerons les deux métaphysiques et nous verrons qu'elles sont fréquemment fort dissolvantes.

Nous n'aurons aucune pitié pour les anciens gouverneurs, pour les anciens missionnaires. Pour nous, celui qui adore les nègres est aussi « malade » que celui qui les exècre.

Inversement, le Noir qui veut blanchir sa race est aussi malheureux que celui qui prêche la haine du Blanc.

Dans l'absolu, le Noir n'est pas plus aimable que le Tchèque, et véritablement il s'agit de lâcher l'homme.

Il y a trois ans que ce livre aurait dû être écrit... Mais alors les vérités nous brûlaient. Aujourd'hui elles peuvent être dites sans fièvre. Ces vérités-là n'ont pas besoin d'être jetées à la face des hommes. Elles ne veulent pas enthousiasmer. Nous nous méfions de l'enthousiasme.

Chaque fois qu'on l'a vu éclore quelque part, il annonçait le feu, la famine, la misère... Aussi, le mépris de l'homme.

L'enthousiasme est par excellence l'arme des impuissants.

Ceux qui chauffent le fer pour le battre immédiatement. Nous voudrions chauffer la carcasse de l'homme et partir. Peut-être arriverions-nous à ce résultat : l'Homme entretenant ce feu par auto-combustion.

L'Homme libéré du tremplin que constitue la résistance d'autrui et creusant dans sa chair pour se trouver un sens.

Seuls quelques-uns de ceux qui nous liront devineront les difficultés que nous avons rencontrées dans la rédaction de cet ouvrage.

Dans une période où le doute sceptique s'est installé dans le monde, où, aux dires d'une bande de salauds, il n'est plus possible de discerner le sens du non-sens, il devient ardu de descendre à un niveau où les catégories de sens et de non-sens ne sont pas encore employées.

Le Noir veut être Blanc. Le Blanc s'acharne à réaliser une condition d'homme.

Nous verrons au cours de cet ouvrage s'élaborer un essai de compréhension du rapport Noir-Blanc.

Le Blanc est enfermé dans sa blancheur.

Le Noir dans sa noirceur.

Nous essaierons de déterminer les tendances de ce double narcissisme et les motivations auxquelles il renvoie.

Au début de nos réflexions, il nous avait paru inopportun d'expliciter les conclusions qu'on va lire.

Le souci de mettre fin à un cercle vicieux a seul guidé nos efforts.

C'est un fait : des Blancs s'estiment supérieurs aux Noirs.

C'est encore un fait : des Noirs veulent démontrer aux Blancs coûte que coûte la richesse de leur pensée, l'égale puissance de leur esprit.

Comment s'en sortir ?

Nous avons employé tout à l'heure le terme de narcissisme. En effet, nous pensons que seule une interprétation psychanalytique du problème noir peut révéler les ano-

malies affectives responsables de l'édifice complexuel.
Nous travaillons à une lyse totale de cet univers morbide.
Nous estimons qu'un individu doit tendre à assumer
l'universalisme inhérent à la condition humaine. Et quand
nous avançons ceci, nous pensons indifféremment à des
hommes comme Gobineau ou à des femmes comme
Mayotte Capécia. Mais, pour parvenir à cette saisie, il est
urgent de se débarrasser d'une série de tares, séquelles
de la période enfantine.

Le malheur de l'homme, disait Nietzsche, est d'avoir été
enfant. Toutefois, nous ne saurions oublier, comme le
laisse entendre Charles Odier, que le destin du névrosé
demeure entre ses mains.

Aussi pénible que puisse être pour nous cette constatation, nous sommes obligé de la faire : pour le Noir, il
n'y a qu'un destin. Et il est blanc.

Avant d'ouvrir le procès, nous tenons à dire certaines
choses. L'analyse que nous entreprenons est psychologique. Il demeure toutefois évident que pour nous la véritable désaliénation du Noir implique une prise de conscience abrupte des réalités économiques et sociales. S'il
y a complexe d'infériorité, c'est à la suite d'un double
processus :

— économique d'abord ;

— par intériorisation ou, mieux, épidermisation de
cette infériorité, ensuite.

Réagissant contre la tendance constitutionnaliste de la
fin du xixᵉ siècle, Freud, par la psychanalyse, demanda
qu'on tînt compte du facteur individuel. A une thèse phylogénétique, il substituait la perspective ontogénétique.
On verra que l'aliénation du Noir n'est pas une question
individuelle. A côté de la phylogénie et de l'ontogénie, il
y a la sociogénie. En un sens, pour répondre au vœu de
Leconte et Damey [1], disons qu'il s'agit ici d'un sociodiagnostic.

Quel est le pronostic ?

Mais la Société, au contraire des processus bio-chimiques, n'échappe pas à l'influence humaine. L'homme est

---

1. M. Leconte et A. Damey, *Essai critique des nosographies psychiatriques actuelles.*

ce par quoi la Société parvient à l'être. Le pronostic est entre les mains de ceux qui voudront bien secouer les racines vermoulues de l'édifice.

Le Noir doit mener la lutte sur les deux plans : attendu que, historiquement, ils se conditionnent, toute libération unilatérale est imparfaite, et la pire erreur serait de croire en leur dépendance mécanique. D'ailleurs, les faits s'opposent à une pareille inclination systématique. Nous le montrerons.

La réalité, pour une fois, réclame une compréhension totale. Sur le plan objectif comme sur le plan subjectif, une solution doit être apportée.

Et ce n'est pas la peine de venir, avec des airs de « crabe-c'est-ma-faute », proclamer qu'il s'agit de sauver l'âme.

Il n'y aura d'authentique désaliénation que dans la mesure où les choses, au sens le plus matérialiste, auront repris leur place.

Il est de bon ton de faire précéder un ouvrage de psychologie d'un point de vue méthodologique. Nous faillirons à l'usage. Nous laissons les méthodes aux botanistes et aux mathématiciens. Il y a un point où les méthodes se résorbent.

Nous voudrions .nous y placer. Nous essaierons de découvrir les différentes positions qu'adopte le nègre en face de la civilisation blanche.

Le « sauvage de la brousse » n'est pas envisagé ici. C'est que, pour lui, certains éléments n'ont pas encore de poids.

Nous estimons qu'il y a, du fait de la mise en présence des races blanche et noire, prise en masse d'un complexus psycho-existentiel. En l'analysant, nous visons à sa destruction.

Beaucoup de nègres ne se retrouveront pas dans les lignes qui vont suivre.

Pareillement beaucoup de Blancs.

Mais le fait, pour moi, de me sentir étranger au monde du schizophrène ou à celui de l'impuissant sexuel n'attaque en rien leur réalité.

Les attitudes que je me propose de décrire sont vraies. Je les ai retrouvées un nombre incalculable de fois.

Chez les étudiants, chez les ouvriers, chez les souteneurs

de Pigalle ou de Marseille, j'identifiai la même composante
d'agressivité et de passivité.

Cet ouvrage est une étude clinique. Ceux qui s'y recon-
naîtront auront, je crois, avancé d'un pas. Je veux vraiment amener mon frère, Noir ou Blanc, à secouer le plus
énergiquement la lamentable livrée édifiée par des siècles
d'incompréhension.

L'architecture du présent travail se situe dans la temporalité. Tout problème humain demande à être considéré
à partir du temps. L'idéal étant que toujours le présent
serve à construire l'avenir.

Et cet avenir n'est pas celui du cosmos, mais bien celui
de mon siècle, de mon pays, de mon existence. En aucune
façon je ne dois me proposer de préparer le monde qui
me suivra. J'appartiens irréductiblement à mon époque.

Et c'est pour elle que je dois vivre. L'avenir doit être
une construction soutenue de l'homme existant. Cette édi-
fication se rattache au présent, dans la mesure où je pose
ce dernier comme chose à dépasser.

Les trois premiers chapitres s'occupent du nègre moderne. Je prends le Noir actuel et j'essaie de déterminer
ses attitudes dans le monde blanc. Les deux derniers sont
consacrés à une tentative d'explication psychopatholo-
gique et philosophique de l'*exister* du nègre.

L'analyse est surtout régressive.

Les quatrième et cinquième chapitres se situent sur un
plan essentiellement différent.

Au quatrième chapitre, je critique un travail [2] qui, à
mon avis, est dangereux. L'auteur, M. Mannoni, est d'ailleurs conscient de l'ambiguïté de sa position. C'est peut-
être là un des mérites de son témoignage. Il a essayé de
rendre compte d'une situation. Nous avons le droit de
nous déclarer insatisfait. Nous avons le devoir de montrer
à l'auteur en quoi nous nous écartons de lui.

Le cinquième chapitre, que j'ai intitulé « L'expérience
vécue du Noir », est important à plus d'un titre. Il montre
le nègre en face de sa race. On s'apercevra qu'il n'y a rien
de commun entre le nègre de ce chapitre et celui qui
cherche à coucher avec la Blanche. On retrouvait chez ce

2. *Psychologie de la colonisation*, par O. Mannoni (Ed. du Seuil, 1950).

dernier un désir d'être Blanc. Une soif de vengeance, en tout cas. — Ici, au contraire, nous assistons aux efforts désespérés d'un nègre qui s'acharne à découvrir le sens de l'identité noire. La civilisation blanche, la culture européenne ont imposé au Noir une déviation existentielle. Nous montrerons ailleurs que souvent ce qu'on appelle l'âme noire est une construction du Blanc.

Le Noir évolué, esclave du mythe nègre, spontané, cosmique, sent à un moment donné que sa race ne le comprend plus.

Ou qu'il ne la comprend plus.

Alors il s'en félicite et, développant cette différence, cette incompréhension, cette désharmonie, il y trouve le sens de sa véritable humanité. Ou plus rarement il veut être à son peuple. Et c'est la rage aux lèvres, le vertige au cœur, qu'il s'enfonce dans le grand trou noir. Nous verrons que cette attitude si absolument belle rejette l'actualité et l'avenir au nom d'un passé mystique.

Etant Antillais d'origine, nos observations et nos conclusions ne valent que pour les Antilles, — tout au moins en ce qui concerne le Noir *chez lui*. Il y aurait une étude à consacrer à l'explication des divergences qui existent entre Antillais et Africains. Peut-être la ferons-nous un jour. Peut-être aussi sera-t-elle rendue inutile, ce dont nous ne pourrons que nous féliciter.

# 1

# *Le Noir et le langage*

Nous attachons une importance fondamentale au phénomène du langage. C'est pourquoi nous estimons nécessaire cette étude qui doit pouvoir nous livrer un des éléments de compréhension de la dimension *pour-autrui* de l'homme de couleur. Etant entendu que parler, c'est exister absolument pour l'autre.

Le Noir a deux dimensions. L'une avec son congénère, l'autre avec le Blanc. Un Noir se comporte différemment avec un Blanc et avec un autre Noir. Que cette scissiparité soit la conséquence directe de l'aventure colonialiste, nul doute... Qu'elle nourrisse sa veine principale au cœur des différentes théories qui ont voulu faire du Noir le lent acheminement du singe à l'homme, personne ne songe à le contester. Ce sont des évidences objectives, qui expriment la réalité.

Mais quand on a rendu compte de cette situation, quand on l'a comprise, on tient que la tâche est terminée... Comment ne pas réentendre alors, dégringolant les marches de l'Histoire, cette voix : « Il ne s'agit plus de connaître le monde, mais de le transformer. »

Il est effroyablement question de cela dans notre vie.

Parler, c'est être à même d'employer une certaine syntaxe, posséder la morphologie de telle ou telle langue, mais c'est surtout assumer une culture, supporter le poids d'une civilisation.

La situation n'étant pas à sens unique, l'exposé doit s'en ressentir. On voudra bien nous accorder certains points qui, pour inacceptables qu'ils puissent paraître au début, sauront trouver dans les faits la preuve de leur exactitude.

Le problème que nous envisageons dans ce chapitre est le suivant : le Noir Antillais sera d'autant plus blanc, c'est-à-dire se rapprochera d'autant plus du véritable homme, qu'il aura fait sienne la langue française. Nous n'ignorons pas que c'est là une des attitudes de l'homme en face de l'Etre. Un homme qui possède le langage possède par contrecoup le monde exprimé et impliqué par ce langage. On voit où nous voulons en venir : il y a dans la possession du langage une extraordinaire puissance. Paul Valéry le savait, qui faisait du langage

« le dieu dans la chair égaré[1] »

Dans un ouvrage en préparation[2], nous nous proposons d'étudier ce phénomène.

Pour l'instant, nous voudrions montrer pourquoi le Noir antillais, quel qu'il soit, a toujours à se situer en face du langage. Davantage, nous élargissons le secteur de notre description, et par-delà l'Antillais nous visons tout homme colonisé.

Tout peuple colonisé — c'est-à-dire tout peuple au sein duquel a pris naissance un complexe d'infériorité, du fait de la mise au tombeau de l'originalité culturelle locale — se situe vis-à-vis du langage de la nation civilisatrice, c'est-à-dire de la culture métropolitaine. Le colonisé se sera d'autant plus échappé de sa brousse qu'il aura fait siennes les valeurs culturelles de la métropole. Il sera d'autant plus blanc qu'il aura rejeté sa noirceur, sa brousse. Dans l'armée coloniale, et plus spécialement dans les régiments de tirailleurs sénégalais, les officiers indigènes sont avant tout des interprètes. Ils servent à transmettre à leurs congénères les ordres du maître, et ils jouissent eux aussi d'une certaine honorabilité.

Il y a la ville, il y a la campagne. Il y a la capitale, il y a la province. Apparemment, le problème est le même. Prenons un Lyonnais à Paris ; il vantera le calme de sa ville, la beauté enivrante des quais du Rhône, la splendeur s platanes, et tant d'autres choses que chantent les gens

*harmes*, La Pythie.
*langage et l'agressivité.*

qui n'ont rien à faire. Si vous le rencontrez à son retour de Paris, et surtout si vous ne connaissez pas la capitale, alors il ne tarira pas d'éloges : Paris-ville-lumière, la Seine, les gúinguettes, connaître Paris et mourir...

Le processus se répète dans le cas du Martiniquais. D'abord dans son île : Basse-Pointe, Marigot, Gros-Morne et, en face, l'imposant Fort-de-France. Ensuite, et c'est là le point essentiel, hors de son île. Le Noir qui connaît la métropole est un demi-dieu. Je rapporte à ce sujet un fait qui a dû frapper mes compatriotes. Beaucoup d'Antillais, après un séjour plus ou moins long dans la métropole, reviennent se faire consacrer. Avec eux l'indigène, celui-qui-n'est-jamais-sorti-de-son-trou, le « bitaco », adopte la forme la plus éloquente de l'ambivalence. Le Noir qui pendant quelque temps a vécu en France revient radicalement transformé. Pour nous exprimer génétiquement, nous dirons que son phéno-type subit une mue définitive, absolue [3]. Dès avant son départ, on sent, à l'allure presque aérienne de sa démarche, que des forces nouvelles se sont mises en branle. Quand il rencontre un ami ou un camarade, ce n'est plus le large geste huméral qui l'annonce : discrètement, notre « futur » s'incline. La voix, rauque d'habitude, laisse deviner un mouvement interne fait de bruissements. Car le Noir sait que là-bas, en France, il y a une idée de lui qui l'agrippera au Havre ou à Marseille : « Je suis Matiniquais, c'est la pemiè fois que je viens en Fance » ; il sait que ce que les poètes appellent « roucoulement divin » (entendez le créole) n'est qu'un moyen terme entre le petit-nègre et le français. La bourgeoisie aux Antilles n'emploie pas le créole, sauf dans ses rapports avec les domestiques. A l'école, le jeune Martiniquais apprend à mépriser le patois. On parle de *créolismes*. Certaines familles interdisent l'usage du créole et les mamans traitent leurs enfants de « tibandes » quand ils l'emploient.

> « Ma mère voulant un fils mémorandum
> si votre leçon d'histoire n'est pas sue

---

3. Nous voulons dire par là que les Noirs qui reviennent près des leurs, donnent l'impression d'avoir achevé un cycle, de s'être ajouté quelque chose qui leur manquait. Ils reviennent littéralement pleins d'eux-mêmes.

> vous n'irez pas à la messe dimanche avec
> vos effets de dimanche
> cet enfant sera la honte de notre nom
> cet enfant sera notre nom de Dieu
> taisez-vous vous ai-je dit qu'il vous fallait parler
>     français
> le français de France
> le français du Français
> le français français [4]. »

Oui, il faut que je me surveille dans mon élocution, car c'est un peu à travers elle qu'on me jugera... On dira de moi, avec beaucoup de mépris : il ne sait même pas parler le français.

Dans un groupe de jeunes Antillais, celui qui s'exprime bien, qui possède la maîtrise de la langue, est excessivement craint ; il faut faire attention à lui, c'est un quasi-Blanc. En France, on dit : parler comme un livre. En Martinique : parler comme un Blanc.

Le Noir entrant en France va réagir contre le mythe du Martiniquais qui-mange-les-R. Il va s'en saisir, et véritablement entrera en conflit ouvert avec lui. Il s'appliquera non seulement à rouler les R, mais à les ourler. Epiant les moindres réactions des autres, s'écoutant parler, se méfiant de la langue, organe malheureusement paresseux, il s'enfermera dans sa chambre et lira pendant des heures — s'acharnant à se faire *diction*.

Dernièrement, un camarade nous racontait cette histoire. Un Martiniquais arrivant au Havre entre dans un café. Avec une parfaite assurance, il lance : « Garrrçon ! un vè de biè. » Nous assistons là à une véritable intoxication. Soucieux de ne pas répondre à l'image du nègre-mangeant-les-R, il en avait fait une bonne provision, mais il n'a pas su répartir son effort.

Il y a un phénomène psychologique qui consiste à croire en une ouverture du monde dans la mesure où les frontières se brisent. Le Noir, prisonnier dans son île, perdu dans une atmosphère sans le moindre débouché, ressent comme une trouée d'air cet appel de l'Europe. Parce que,

---

4. Léon-G. Damas, *Hoquet* (Pigments).

il faut le dire, Césaire fut magnanime — dans son *Cahier d'un retour au pays natal*. Cette ville, Fort-de-France, est véritablement plate, échouée. Là-bas, aux flancs de ce soleil, « cette ville plate, étalée, trébuchée de son bon sens, inerte, essoufflée sous son fardeau géométrique de croix éternellement recommençantes, indocile à son sort, muette, contrariée de toute façon, incapable de croître selon le suc de cette terre, embarrassée, rognée, réduite, en rupture de faune et de flore [5] ».

La description qu'en donne Césaire n'est nullement poétique. On comprend alors que le Noir, à l'annonce de son entrée en France (comme on dit de quelqu'un qui fait son « entrée dans le monde »), jubile et décide de changer. D'ailleurs, il n'y a pas thématisation, il change de structure indépendamment de toute démarche réflexive. Il existe aux Etats-Unis un centre dirigé par Pearce et Williamson ; c'est le centre de Peckam. Les auteurs ont prouvé qu'il y avait chez les gens mariés un remaniement bio-chimique, et, paraît-il, ils auraient décelé la présence de certaines hormones chez l'époux d'une femme gestante. Il serait aussi intéressant, il s'en trouvera d'ailleurs pour le faire, de rechercher les bouleversements humoraux des Noirs à leur arrivée en France. Ou simplement d'étudier par des tests les modifications de leur psychisme avant leur départ et un mois après leur installation en France.

Il y a un drame dans ce qu'il est convenu d'appeler les sciences de l'homme. Doit-on postuler une réalité humaine type et en décrire les modalités psychiques, ne tenant compte que des imperfections, ou bien ne doit-on pas tenter sans relâche une compréhension concrète et toujours nouvelle de l'homme ?

Quand nous lisons qu'à partir de vingt-neuf ans l'homme ne peut plus aimer, qu'il lui faut attendre quarante-neuf ans pour que réapparaisse son affectivité, nous sentons le sol se dérober. On ne s'en sortira qu'à la condition expresse de bien poser le problème, car toutes ces découvertes, toutes ces recherches ne tendent qu'à une chose : faire admettre à l'homme qu'il n'est rien, absolument rien,

5. P. 30.

— et qu'il lui faut en finir avec ce narcissisme selon lequel il s'imagine différent des autres « animaux ».

Il y a là ni plus ni moins *capitulation de l'homme*.

A tout prendre, je saisis mon narcissisme à pleines mains et je repousse l'abjection de ceux qui veulent faire de l'homme une mécanique. Si le débat ne peut pas s'ouvrir sur le plan philosophique, c'est-à-dire de l'exigence fondamentale de la réalité humaine, je consens à le mener sur celui de la psychanalyse, c'est-à-dire des « ratés », au sens où l'on dit qu'un moteur a des ratés.

Le Noir qui entre en France change parce que pour lui la métropole représente le Tabernacle ; il change non seulement parce que c'est de là que lui sont venus Montesquieu, Rousseau et Voltaire, mais parce que c'est de là que lui viennent les médecins, les chefs de service, les innombrables petits potentats — depuis le sergent-chef « quinze ans de service » jusqu'au gendarme originaire de Panissières. Il y a une sorte d'envoûtement à distance, et celui qui part dans une semaine à destination de la Métropole crée autour de lui un cercle magique où les mots Paris, Marseille, la Sorbonne, Pigalle représentent les clés de voûte. Il part et l'amputation de son être disparaît à mesure que le profil du paquebot se précise. Il lit sa puissance, sa mutation, dans les yeux de ceux qui l'ont accompagné. « Adieu madras, adieu foulard... »

Maintenant que nous l'avons conduit au port, laissons-le voguer, nous le retrouverons. Pour l'instant, allons à la rencontre de l'un d'entre eux qui revient. Le « débarqué », dès son premier contact, s'affirme ; il ne répond qu'en français et souvent ne comprend plus le créole. A ce propos, le folklore nous fournit une illustration. Après quelques mois passés en France, un paysan retourne près des siens. Apercevant un instrument aratoire, il interroge son père, vieux campagnard à-qui-on-ne-la-fait-pas : « Comment s'appelle cet engin ? » Pour toute réponse, son père le lui lâche sur les pieds, et l'amnésie disparaît. Singulière thérapeutique.

Voici donc un débarqué. Il n'entend plus le patois, parle de l'Opéra, qu'il n'a peut-être aperçu que de loin, mais surtout adopte une attitude critique à l'égard de ses compatriotes. En présence du moindre événement, il se comporte en original. Il est celui qui sait. Il se révèle par son langage. A la Savane, où se réunissent les jeunes gens de Fort-de-France, le spectacle est significatif : la parole est tout de suite donnée au débarqué. — Dès la sortie du lycée et des écoles, ils se réunissent sur la Savane. Il paraît qu'il y a une poésie de cette Savane. Imaginez un espace de deux cents mètres de long sur quarante de large, limité latéralement par des tamariniers vermoulus, en haut par l'immense monument aux morts, la patrie reconnaissante à ses enfants, en bas par le Central-Hôtel ; un espace torturé de pavés inégaux, des cailloux qui roulent sous les pieds, et, enfermés dans tout cela, montant et descendant, trois ou quatre cents jeunes gens qui s'accostent, se prennent, non ne se prennent jamais, se quittent.

— Ça va ?

— Ça va. Et toi ?

— Ça va.

Et l'on va comme ça pendant cinquante ans. Oui, cette ville est lamentablement échouée. Cette vie aussi.

Ils se retrouvent et parlent. Et si le débarqué obtient rapidement la parole, c'est qu'*on l'attend*. D'abord dans la forme : la moindre faute est saisie, dépouillée, et en moins de quarante-huit heures tout Fort-de-France la connaît. On ne pardonne pas, à celui qui affiche une supériorité, de faillir au devoir. Qu'il dise, par exemple : « Il ne m'a pas été donné de voir en France des gendarmes à chevaux », et le voilà perdu. Il ne lui reste qu'une alternative : se débarrasser de son parisianisme ou mourir au pilori. Car on n'oubliera point ; marié, sa femme saura qu'elle épouse une histoire, et ses enfants auront une anecdote à affronter et à vaincre.

D'où provient cette altération de la personnalité ? D'où provient ce nouveau mode d'être ? Tout idiome est une façon de penser, disaient Damourette et Pichon. Et le fait, pour le Noir récemment débarqué, d'adopter un langage différent de celui de la collectivité qui l'a vu naître, manifeste un décalage, un clivage. Le professeur Westermann, dans *The African to-day*, écrit qu'il existe un sentiment d'infériorité des Noirs qu'éprouvent surtout les évolués et qu'ils s'efforcent sans cesse de dominer. La manière employée pour cela, ajoute-t-il, est souvent naïve : « Porter des vêtements européens ou des guenilles à la dernière mode, adopter les choses dont l'Européen fait usage, ses formes extérieures de civilité, fleurir le langage indigène d'expressions européennes, user de phrases ampoulées en parlant ou en écrivant dans une langue européenne, tout cela est mis en œuvre pour tenter de parvenir à un sentiment d'égalité avec l'Européen et son mode d'existence. »

Nous voudrions, nous référant à d'autres travaux et à nos observations personnelles, essayer de montrer pourquoi le Noir se situe de façon caractéristique en face du langage européen. Nous rappelons encore une fois que les conclusions auxquelles nous aboutirons valent pour les Antilles françaises ; nous n'ignorons pas toutefois que ces mêmes comportements se retrouvent au sein de toute race ayant été colonisée.

Nous avons connu, et malheureusement nous connaissons encore, des camarades originaires du Dahomey ou du Congo qui se disent Antillais ; nous avons connu et nous connaissons encore des Antillais qui se vexent quand on les soupçonne d'être Sénégalais. C'est que l'Antillais est plus « évolué » que le Noir d'Afrique : entendez qu'il est plus près du Blanc ; et cette différence existe non seulement dans la rue et sur les boulevards, mais aussi dans les administrations, dans l'armée. Tout Antillais ayant fait son service militaire dans un régiment de tirailleurs connaît cette bouleversante situation : d'un côté les Européens, vieilles colonies ou originaires, de l'autre les tirailleurs. Il nous souvient de certain jour où, en pleine action, la question se trouva posée d'anéantir un nid de mitrailleuses. Par trois fois les Sénégalais furent lancés, par trois fois ils furent rejetés. Alors, l'un des leurs demanda pourquoi les *toubabs* n'y allaient pas. Dans ces moments-là, on arrive à ne plus savoir qui l'on est, toubab ou indigène. Cependant pour beaucoup d'Antillais cette situation n'est pas ressentie comme bouleversante, mais au contraire comme tout à fait normale. Il ne manquerait plus que ça, nous assimiler à des nègres ! Les originaires méprisent les tirailleurs et l'Antillais règne sur toute cette négraille en maître incontesté. A l'extrême d'ailleurs, je rapporte un fait qui est pour le moins comique : dernièrement, je m'entretenais avec un Martiniquais qui m'apprit, cour-

roucé, que certains Guadeloupéens se faisaient passer
pour nôtres. Mais, ajoutait-il, on s'aperçoit rapidement
de l'erreur, ils sont plus sauvages que nous ; entendez
encore : ils sont plus éloignés du Blanc. On dit que le
Noir aime les palabres ; et quand pour ma part je prononce « palabres », je vois un groupe d'enfants jubilant,
lançant vers le monde des appels inexpressifs, des rau-
cités ; des enfants en plein jeu, dans la mesure où le jeu
peut être conçu comme initiation à la vie. Le Noir aime
les palabres, et le chemin n'est pas long qui conduit à
cette nouvelle proposition : le Noir n'est qu'un enfant.
Les psychanalystes ici ont beau jeu, et le terme d'*oralité*
est vite lâché.

Mais nous devons aller plus loin. Le problème du langage est trop capital pour espérer le poser intégralement
ici. Les remarquables études de Piaget nous ont appris
à distinguer des stades dans son apparition, et celles de
Gelb et Goldstein nous ont montré que la fonction du
langage se distribue en paliers, en degrés. Ici c'est
l'homme noir en face de la langue française qui nous
intéresse. Nous voulons comprendre pourquoi l'Antillais
aime bien parler le français.

Jean-Paul Sartre, dans son Introduction à l'*Anthologie
de la poésie nègre et malgache*, nous dit que le poète
noir se retournera contre la langue française, mais cela
est faux quant aux poètes antillais. Nous sommes en cela
d'ailleurs de l'avis de M. Michel Leiris, qui, il y a peu de
temps, pouvait écrire à propos du créole :

« Actuellement encore, langue populaire que tous connaissent plus ou moins, mais que les seuls illettrés parlent à l'exclusion du français, le créole paraît d'ores et
déjà promis à passer tôt ou tard au rang de survivance
quand l'instruction (si lents soient ses progrès, entravés
par le nombre partout trop restreint des établissements
scolaires, la pénurie en matière de lecture publique et le
niveau souvent trop bas de la vie matérielle) se sera dif-
fusée assez généralement dans les couches déshéritées
de la population. » — Et, ajoute l'auteur, « pour les poètes
dont je parle ici, il ne s'agit nullement de se faire « Antil-
laïs » — sur le plan du pittoresque de félibrige — en
usant d'un langage d'emprunt et, qui plus est, dénué de

rayonnement extérieur quelles que puissent être ses qualités intrinsèques, mais d'affirmer, face à des Blancs imbus des pires préjugés raciaux et dont l'orgueil de plus en plus clairement s'avère injustifié, l'intégrité de leur personne [6] ».

S'il existe un Gilbert Gratiant pour écrire en patois, il faut avouer que la chose est rare. Ajoutons d'ailleurs que la valeur poétique de ces créations est fort douteuse. Au contraire, il y a de véritables ouvrages traduits du ouolof ou du peuhl et nous suivons avec beaucoup d'intérêt les études de linguistique de Cheik Anta Diop.

Aux Antilles, rien de pareil. La langue officiellement parlée est le français ; les instituteurs surveillent étroitement les enfants pour que le créole ne soit pas utilisé. Nous passons sous silence les raisons invoquées. Donc, apparemment, le problème pourrait être le suivant : aux Antilles comme en Bretagne, il y a un dialecte et il y a la langue française. Mais c'est faux, car les Bretons ne s'estiment pas inférieurs aux Français. Les Bretons n'ont pas été civilisés par le Blanc.

Refusant de multiplier les éléments, nous risquons de ne pas délimiter le foyer ; or, il est important de dire au Noir que l'attitude de rupture n'a jamais sauvé personne ; et s'il est vrai que je dois me libérer de celui qui m'étouffe parce que véritablement je ne puis pas respirer, il demeure entendu que sur la base physiologique : difficulté mécanique de respiration, il devient malsain de greffer un élément psychologique : impossibilité d'expansion.

Qu'est-ce à dire ? Tout simplement ceci : lorsqu'un Antillais licencié en philosophie déclare ne pas présenter l'agrégation, alléguant sa couleur, je dis que la philosophie n'a jamais sauvé personne. Quand un autre s'acharne à me prouver que les Noirs sont aussi intelligents que les Blancs, je dis : l'intelligence non plus n'a jamais sauvé personne, et cela est vrai, car si c'est au nom de l'intelligence et de la philosophie que l'on proclame l'égalité des hommes, c'est en leur nom aussi qu'on décide leur extermination.

6. *Temps Modernes*. février 1950, « Martinique-Guadeloupe-Haïti », p. 1347.

Avant de continuer, il nous semble nécessaire de dire certaines choses. Je parle ici, d'une part, de Noirs aliénés (mystifiés), et d'autre part de Blancs non moins aliénés (mystificateurs et mystifiés). S'il se trouve un Sartre ou un Verdier, le cardinal, pour dire que le scandale du problème noir n'a que trop duré, on ne peut que conclure à la normalité de leur attitude. Nous aussi pourrions multiplier références et citations et montrer qu'effectivement le « préjugé de couleur » est une idiotie, une iniquité qu'il s'agit d'anéantir.

Sartre commence ainsi son *Orphée noir* : « Qu'est-ce donc que vous espériez quand vous ôtiez le bâillon qui fermait ces bouches noires ? Qu'elles allaient entonner vos louanges ? Ces têtes que nos pères avaient courbées jusqu'à terre par la force, pensiez-vous, quand elles se relèveraient, lire l'adoration dans leurs yeux [7] ? » Je ne sais pas, mais je dis que celui qui cherchera dans mes yeux autre chose qu'une interrogation perpétuelle devra perdre la vue ; ni reconnaissance ni haine. Et si je pousse un grand cri, il ne sera point nègre. Non, dans la perspective adoptée ici, il n'y a pas de problème noir. Ou du moins, s'il y en a un, les Blancs n'y sont intéressés que par hasard. C'est une histoire qui se passe dans l'obscurité, et il faudra bien que le soleil que je transhume éclaire les moindres recoins.

Le Dr H.-L. Gordon, médecin de l'hôpital de psychopathie Mathari à Nairobi, écrit dans un article de la *Presse médicale* de l'Est-Africain : « L'observation poussée au plus haut point d'une série de cent cerveaux d'indigènes normaux établit à l'œil nu une absence de cerveaux nouveaux, caractérisés, comme on sait, par des cellules au dernier stade de développement. Et, ajoute-t-il, cette infériorité représente quantitativement 14,8 %. » (Cité par sir Alan Burns [8].)

On a dit que le nègre reliait le singe à l'homme, l'homme blanc bien entendu ; et ce n'est qu'à la cent vingtième page que sir Alan Burns conclut : « Nous ne pouvons donc considérer comme scientifiquement établie la théorie

7. J.-P. Sartre, Préface à l'*Anthologie de la poésie nègre et malgache*
8. *Le Préjugé de race et de couleur*, p. 112.

selon laquelle l'homme noir serait inférieur à l'homme blanc ou proviendrait d'une souche différente. » Il nous serait facile, ajoutons-nous, de montrer l'absurdité de propositions telles que : « Aux termes de l'Ecriture, la séparation des races blanches et noires se prolongera au ciel comme sur la terre, et les indigènes qui seront accueillis au Royaume des Cieux se trouveront séparément dirigés sur certaines de ces maisons du Père dont le Nouveau Testament contient la mention. » Ou encore : « Nous sommes le peuple élu, regarde la teinte de nos peaux, d'autres sont noirs ou jaunes, c'est à cause de leurs péchés. »

Oui, comme on le voit, en faisant appel à l'humanité, au sentiment de la dignité, à l'amour, à la charité, il nous serait facile de prouver ou de faire admettre que le Noir est l'égal du Blanc. Mais notre but est tout autre : ce que nous voulons, c'est aider le Noir à se libérer de l'arsenal complexuel qui a germé au sein de la situation coloniale. M. Achille, professeur au lycée du Parc à Lyon, dans une conférence citait une aventure personnelle. Cette aventure est universellement connue. Rares sont les Noirs résidant en France qui ne l'ont pas vécue. Etant catholique, il se rendait à un pèlerinage d'étudiants. Un prêtre, avisant ce bronzé dans sa troupe, lui dit : « Toi quitté grande Savane pourquoi et venir avec nous ? » L'interpellé répondit très courtoisement et le gêné de l'histoire ne fut pas le jeune déserteur des Savanes. On rit de ce quiproquo et le pèlerinage continua. Mais si nous nous y arrêtions, nous verrions que le fait pour le prêtre de s'adresser en petit-nègre appelle diverses remarques :

1. « Les Noirs, je les connais ; il faut s'adresser à eux gentiment, leur parler de leur pays ; savoir leur parler, telle est la question. Voyez plutôt... » Nous n'exagérons pas : un Blanc s'adressant à un nègre se comporte exactement comme un adulte avec un gamin, et l'on s'en va minaudant, susurrant, gentillonnant, calinotant. Ce n'est pas un Blanc que nous avons observé, mais des centaines ; et nos observations n'ont pas porté sur telle ou telle catégorie, mais, nous prévalant d'une attitude essentiellement objective, nous avons voulu étudier ce fait chez les médecins, les agents de police, les entrepreneurs sur les chan-

tiers. L'on nous dira, oubliant en cela notre but, que nous
aurions pu porter notre attention ailleurs, qu'il existe des
Blancs n'entrant pas dans notre description.

Nous répondrons à ces objecteurs que nous faisons ici
le procès des mystifiés et des mystificateurs, des aliénés,
et que, s'il existe des Blancs à se comporter sainement
en face d'un Noir, c'est justement le cas que nous n'avons
pas à retenir. Ce n'est pas parce que le foie de mon
malade fonctionne bien que je dirai : les reins sont sains.
Le foie étant reconnu normal, je l'abandonne à sa normalité, qui est normale, et je me tourne vers les reins ; en
l'occurrence, les reins sont malades. Ce qui veut dire qu'à
côté des gens normaux qui se comportent sainement selon
une psychologie humaine, il en est à se comporter patho-
logiquement selon une psychologie inhumaine. Et il se
trouve que l'existence de ce genre d'hommes a déterminé
un certain nombre de réalités à la liquidation desquelles
nous voulons ici contribuer.

Parler aux nègres de cette façon, c'est aller à eux, c'est
les mettre à leur aise, c'est vouloir se faire comprendre
d'eux, c'est les rassurer...

Les médecins des salles de consultation le savent. Vingt
malades européens se succèdent : « Asseyez-vous, monsieur... Pourquoi venez-vous ?... De quoi souffrez-vous ?... »
— Arrive un nègre ou un Arabe : « Assieds-toi, mon
brave... Qu'est-ce que tu as ?... Où as-tu mal ? » — Quand
ce n'est pas : « Quoi toi y en a ?... »

2. Parler petit-nègre à un nègre, c'est le vexer, car il
est celui-qui-parle-petit-nègre. Pourtant, nous dira-t-on, il
n'y a pas intention, volonté de vexer. Nous l'accordons,
mais c'est justement cette absence de volonté, cette désin-
volture, cette nonchalance, cette facilité avec laquelle on
le fixe, avec laquelle on l'emprisonne, on le primitivise,
l'anticivilise, qui est vexante.

Si celui qui s'adresse en petit-nègre à un homme de
couleur ou à un Arabe ne reconnaît pas dans ce comportement une tare, un vice, c'est qu'il n'a jamais réfléchi.
Personnellement, il nous arrive, en interrogeant certains
malades, de sentir à quel moment nous glissons...

En face de cette vieille paysanne de soixante-treize ans,
débile mentale, en plein processus démentiel, je sens tout

à coup s'effondrer les antennes avec lesquelles je touche
et par lesquelles je suis touché. Le fait pour moi d'adopter un langage approprié à la démence, à la débilité mentale ; le fait pour moi de me « pencher » sur cette pauvre
vieille de soixante-treize ans ; le fait pour moi d'aller à
elle, à la recherche d'un diagnostic, est le stigmate d'un
fléchissement dans mes relations humaines.

C'est un idéaliste, dira-t-on. Mais non, ce sont les autres
qui sont des salauds. Pour ma part, je m'adresse toujours
aux « bicots » en français correct, et j'ai toujours été
compris. Ils me répondent comme ils peuvent, mais je
me refuse à toute compréhension paternaliste.

— Bonjour, mon z'ami ! Où y a mal ? Hé ? Dis voir un
peu ? le ventre ? le cœur ?

...Avec le petit accent que les hypos des salles de consultation connaissent bien.

On a bonne conscience quand la réponse arrive sur le
même mode. « Vous voyez, on ne vous raconte pas de
blagues. Ils sont comme ça. »

Dans le cas contraire, il faudra rappeler ses pseudopodes et se comporter en homme. Tout l'édifice s'écroule.
Un Noir qui vous dit : « Monsieur, je ne suis nullement
votre brave... » Du nouveau dans le monde.

Mais il faut aller plus bas. Vous êtes au café, à Rouen
ou à Strasbourg, un vieil ivrogne par malheur vous aperçoit. Vite, il s'assied à votre table : « Toi Africain ? Dakar,
Rufisque, bordels, femmes, café, mangues, bananes... »
Vous vous levez et vous partez ; vous êtes salué d'une
bordée de jurons : « Sale nègre, tu ne faisais pas tant
l'important dans ta brousse ! »

M. Mannoni a décrit ce qu'il appelle le complexe de
Prospéro. Nous reviendrons sur ces découvertes, qui nous
permettront de comprendre la psychologie du colonialisme. Mais déjà nous pouvons dire :

Parler petit-nègre, c'est exprimer cette idée : « Toi, reste
où tu es. »

Je rencontre un Allemand ou un Russe parlant mal le
français. Par gestes, j'essaie de lui donner le renseigne-
ment qu'il réclame, mais ce faisant je n'ai garde d'oublier
qu'il a une langue propre, un pays, et qu'il est peut-être
avocat ou ingénieur dans sa culture. En tout cas, il est

étranger à mon groupe, et ses normes doivent être différentes.

Dans le cas du Noir, rien de pareil. Il n'a pas de culture, pas de civilisation, pas ce « long passé d'histoire ».

On retrouve peut-être là l'origine des efforts des Noirs contemporains : coûte que coûte prouver au monde blanc l'existence d'une civilisation nègre.

Le nègre doit, qu'il le veuille ou non, endosser la livrée que lui a faite le Blanc. Regardez les illustrés pour enfants, les nègres ont tous à la bouche le « oui Missié » rituel. Au cinéma, l'histoire est plus extraordinaire. La plupart des films américains synchronisés en France reproduisent des nègres type : « Y a bon banania. » Dans un de ces films récents, *Requins d'acier*, on voyait un nègre, naviguant dans un sous-marin, parler le jargon le plus classique qui soit. D'ailleurs, il était bien nègre, marchant derrière, tremblant au moindre mouvement de colère du quartier-maître, et finalement tué dans l'aventure. Je suis pourtant persuadé que la version originale ne comportait pas cette modalité d'expression. Et quand bien même elle aurait existé, je ne vois pas pourquoi en France démocratique, où soixante millions de citoyens sont de couleur, l'on synchroniserait jusqu'aux imbécillités d'outre-Atlantique. C'est que le nègre doit se présenter d'une certaine manière, et depuis le Noir de *Sans Pitié* — « Moi bon ouvrier, jamais mentir, jamais voler » jusqu'à la servante de *Duel au soleil*, on retrouve cette stéréotypie.

Oui, au Noir on demande d'être bon négro ; ceci posé, le reste vient tout seul. Le faire parler petit-nègre, c'est l'attacher à son image, l'engluer, l'emprisonner, victime éternelle d'une essence, d'un *apparaître* dont il n'est pas le responsable. Et naturellement, de même qu'un Juif qui dépense de l'argent sans compter est suspect, le Noir qui cite Montesquieu doit être surveillé. Qu'on nous comprenne : surveillé, dans la mesure où avec lui commence quelque chose. Et, certes, je ne prétends pas que l'étudiant noir soit suspect à ses camarades ou à ses professeurs. Mais en dehors des milieux universitaires subsiste une armée d'imbéciles : il importe non pas de les éduquer, mais d'amener le Noir à ne pas être l'esclave de leurs archétypes.

Que ces imbéciles soient le produit d'une structure économico-psychologique, nous l'accordons : seulement nous n'en sommes pas plus avancé.

Quand un nègre parle de Marx, la première réaction est la suivante : « On vous a élevés et maintenant vous vous retournez contre vos bienfaiteurs. Ingrats ! Décidément, on ne peut rien attendre de vous. » Et puis il y a aussi cet argument-massue du planteur en Afrique : notre ennemi, c'est l'instituteur.

Ce que nous affirmons, c'est que l'Européen a une idée définie du Noir, et il n'y a rien de plus exaspérant que de s'entendre dire : « Depuis quand êtes-vous en France ? Vous parlez bien le français. »

On pourrait me répondre que cela est dû au fait que beaucoup de Noirs s'expriment en petit-nègre. Mais ce serait trop facile. Vous êtes dans le train, vous demandez :

— Pardon, monsieur, voudriez-vous m'indiquer le wagon-restaurant, s'il vous plaît.

— Oui, mon z'ami, toi y en a prendre couloir tout droit, un, deux, trois, c'est là.

Non, parler petit-nègre, c'est enfermer le Noir, c'est perpétuer une situation conflictuelle où le Blanc infeste le Noir de corps étrangers extrêmement toxiques. Rien de plus sensationnel qu'un Noir s'exprimant correctement, car, vraiment, il assume le monde blanc. Il nous arrive de nous entretenir avec des étudiants d'origine étrangère. Ils parlent mal le français : le petit Crusoë, alias Prospéro, se trouve alors à son aise. Il explique, renseigne, commente, leur prend leurs cours. Avec le Noir, l'ahurissement est à son comble ; lui, il s'est mis à la page. Avec lui, le jeu n'est plus possible, il est une pure réplique du Blanc. Il faut s'incliner [9].

On comprend, après tout ce qui vient d'être dit, que

---

9. « J'ai connu des nègres à la Faculté de médecine... en un mot ils étaient décevants ; le teint de leur peau devait leur permettre de *nous* donner l'opportunité d'être charitables, magnanimes, ou scientifiquement amicaux. Ils avaient failli à ce devoir, à cette exigence de notre bon vouloir. Toute notre larmoyante tendresse, toute notre sollicitude roublarde nous restait sur les bras. Nous n'avions pas de nègres à cajoler, nous n'avions pas de quoi les haïr non plus ; ils pesaient, à peu de chose près, notre propre poids dans la balance des petits travaux et des maigres tricheries quotidiennes. » — Michel Salomon, « D'un juif à des nègres », *Présence africaine*, n° 5, p. 776.

la première réaction du Noir soit de dire non à ceux qui tentent de le définir. On comprend que la première action du Noir soit une *réaction*, et puisque le Noir est apprécié en référence à son degré d'assimilation, on comprend aussi que le débarqué ne s'exprime qu'en français. C'est qu'il tend à souligner la rupture qui s'est désormais produite. Il réalise un nouveau type d'homme qu'il impose à ses camarades, à ses parents. Et à sa vieille mère qui ne comprend plus, il parle de ses liquettes, de la bicoque en désordre, de la baraque... Tout cela agrémenté de l'accent qui convient.

Dans tous les pays du monde, il y a des arrivistes : « ceux qui ne se sentent plus », et il y a, en face d'eux, « ceux qui gardent la notion de leur origine ». L'Antillais qui revient de la métropole s'exprime en patois s'il veut signifier que rien n'a changé. On le sent au débarcadère, où parents et amis l'attendent. L'attendent non seulement parce qu'il arrive, mais dans le sens où l'on dit : je l'attends au tournant. Il leur faut une minute pour établir le diagnostic. Si à ses camarades le débarqué dit : « Je suis très heureux de me retrouver parmi vous. Mon Dieu, qu'il fait chaud dans ce pays, je ne saurais y demeurer longtemps », on est prévenu : c'est un Européen qui arrive.

Dans un ordre plus particulier, quand à Paris des étudiants antillais se rencontrent, deux possibilités s'offrent à eux :

— ou soutenir le monde blanc, c'est-à-dire le véritable monde, et, le français alors employé, il leur demeure possible d'envisager quelques problèmes et de tendre dans leurs conclusions à un certain degré d'universalisme ;

— ou rejeter l'Europe, « Yo »[10], et se rejoindre par le patois, en s'installant bien confortablement dans ce que nous appellerons l'*umwelt* martiniquais ; nous voulons dire par là — et cela s'adresse surtout à nos frères antillais — que lorsqu'un de nos camarades, à Paris ou dans quelque autre ville de Facultés, s'essaie à considérer sérieusement un problème, on l'accuse de faire l'important, et le meilleur moyen de le désarmer est de s'infléchir

---

10. Façon de désigner *les autres* pris génériquement, et plus spécialement *les Européens*.

vers le monde antillais en brandissant le créole. Il faut trouver là une des raisons pour lesquelles tant d'amitiés s'écroulent après quelque temps de vie européenne.

Notre propos étant la désaliénation des Noirs, nous voudrions qu'ils sentent que chaque fois qu'il y a incompréhension entre eux en face du Blanc, il y a absence de discernement.

Un Sénégalais apprend le créole afin de se faire passer pour antillais : je dis qu'il y a aliénation.

Les Antillais qui le savent multiplient leurs railleries : je dis qu'il y a absence de discernement.

Comme on le voit, nous n'avions pas tort de penser qu'une étude du langage chez l'Antillais pouvait nous révéler quelques traits de son monde. Nous l'avons dit au début, il y a un rapport de soutènement entre la langue et la collectivité.

Parler une langue, c'est assumer un monde, une culture. L'Antillais qui veut être blanc le sera d'autant plus qu'il aura fait sien l'instrument culturel qu'est le langage. Je me souviens, il y a un peu plus d'un an, à Lyon, après une conférence où j'avais tracé un parallèle entre la poésie noire et la poésie européenne, de ce camarade métropolitain me disant chaleureusement : « Au fond, tu es un Blanc. » Le fait pour moi d'avoir étudié à travers la langue du Blanc un problème aussi intéressant me donnait droit de cité.

Historiquement, il faut comprendre que le Noir veut parler le français, car c'est la clef susceptible d'ouvrir les portes qui, il y a cinquante ans encore, lui étaient interdites. Nous retrouvons chez les Antillais entrant dans le cadre de notre description une recherche des subtilités, des raretés du langage, — autant de moyens de se prouver à eux-mêmes une adéquation à la culture[11]. On a dit : les orateurs antillais ont une puissance d'expression qui laisserait pantelants les Européens. Il me revient un fait

---

11. Voir par exemple le nombre presque incroyable des anecdotes auxquelles a donné naissance l'élection à la députation de tel candidat. Une ordure de journal, du nom de *Canard déchaîné*, n'a eu de cesse qu'il n'ait enveloppé M. B... de créolismes éviscérants. C'est en effet l'arme-massue aux Antilles : *ne sait pas s'exprimer en français.*

significatif : en 1945, lors des campagnes électorales, Aimé Césaire, candidat à la députation, parlait à l'école des garçons de Fort-de-France devant un auditoire nombreux. Au milieu de la conférence, une femme s'évanouit. Le lendemain, un camarade, relatant l'affaire, la commentait de la sorte : « Français a té tellement chaud que la femme là tombé malcadi[12]. » Puissance du langage !

Quelques autres faits méritent de retenir notre attention : par exemple M. Charles-André Julien présentant Aimé Césaire : « un poète noir agrégé de l'Université... », ou encore, tout simplement, le terme de « grand poète noir ».

Il y a dans ces phrases toutes faites, et qui semblent répondre à une urgence de bon sens, — car enfin Aimé Césaire est noir et il est poète, — une subtilité qui se cache, un nœud qui persiste. J'ignore qui est Jean Paulhan, sinon qu'il écrit des ouvrages fort intéressants ; j'ignore quel peut être l'âge de Caillois, ne retenant que les manifestations de son existence dont il raye le ciel de temps à autre. Et que l'on ne nous accuse point d'anaphylaxie affective ; ce que nous voulons dire, c'est qu'il n'y a pas de raison pour que M. Breton dise de Césaire : « Et c'est un Noir qui manie la langue française comme il n'est pas aujourd'hui un Blanc pour la manier[13]. »

Et quand bien même M. Breton exprimerait la vérité, je ne vois pas en quoi résiderait le paradoxe, en quoi résiderait la chose à souligner, car enfin M. Aimé Césaire est martiniquais et agrégé de l'Université.

Encore une fois nous retrouvons M. Michel Leiris : « S'il y a chez les écrivains antillais volonté de rupture avec les formes littéraires liées à l'enseignement officiel, cette volonté, tendue vers un avenir plus aéré, ne saurait revêtir une allure folklorisante. Désireux avant tout, littérairement, de formuler le message qui leur appartient en propre et quant à quelques-uns tout au moins d'être les porte-parole d'une vraie race aux possibilités méconnues, ils dédaignent l'artifice que représenterait pour eux, dont

12. Le français (l'élégance de la forme) était tellement chaud que la femme est tombée en transes.

13. Introduction au *Cahier d'un retour au pays natal.* p. 14.

la formation intellectuelle s'est opérée à travers le français de façon presque exclusive, le recours à un parler
qu'ils ne pourraient plus guère employer que comme une
chose apprise [14]. »

Mais, me rétorqueront les Noirs, c'est un honneur pour
nous qu'un Blanc comme Breton écrive pareilles choses.
Continuons...

14. Michel Leiris, *art. cit.*

# 2

# La femme de couleur
## et le Blanc

L'homme est mouvement vers le monde et vers son semblable. Mouvement d'agressivité, qui engendre l'asservissement ou la conquête ; mouvement d'amour, don de soi, terme final de ce qu'il est convenu d'appeler l'orientation éthique. Toute conscience semble pouvoir manifester, simultanément ou alternativement, ces deux composantes. Energétiquement, l'être aimé m'épaulera dans l'assomption de ma virilité, tandis que le souci de mériter l'admiration ou l'amour d'autrui tissera tout le long de ma vision du monde une superstructure valorisante.

Dans la compréhension des phénomènes de cet ordre, le travail de l'analyste et du phénoménologue se révèle suffisamment ardu. Et s'il s'est trouvé un Sartre pour réaliser une description de l'amour-échec, *l'Etre et le Néant* n'étant que l'analyse de la mauvaise foi et le l'inauthenticité, il demeure que l'amour vrai, réel, — vouloir pour les autres ce que l'on postule pour soi, quand cette postulation intègre les valeurs permanentes de la réalité humaine, — requiert la mobilisation d'instances psychiques fondamentalement libérées des conflits inconscients.

Loin, loin derrière, se sont évanouies les ultimes séquelles d'une lutte gigantesque menée contre l'autre. Aujourd'hui nous croyons en la possibilité de l'amour, c'est pourquoi nous nous efforçons d'en détecter les imperfections, les perversions.

Il s'agit, pour nous, dans ce chapitre consacré aux rapports de la femme de couleur et de l'Européen, de déterminer dans quelle mesure l'amour authentique demeurera impossible tant que ne seront pas expulsés ce sentiment d'infériorité ou cette exaltation adlérienne, cette sur-

compensation, qui semblent être l'indicatif de la Weltanschauung noire.

Parce qu'enfin, quand nous lisons dans *Je suis Martiniquaise* : « J'aurais voulu me marier, mais avec un Blanc.
Seulement une femme de couleur n'est jamais tout à fait
respectable aux yeux d'un Blanc. Même s'il l'aime. Je le
savais [1] », nous sommes en droit d'être inquiet. Ce passage, qui sert en un sens de conclusion à une énorme
mystification, nous incite à réfléchir. Un jour, une femme
du nom de Mayotte Capécia, obéissant à un motif dont
nous apercevons mal les tenants, a écrit deux cent deux
pages — sa vie — où se multipliaient à loisir les propositions les plus absurdes. L'accueil enthousiaste qui a été
réservé à cet ouvrage dans certains milieux nous fait un
devoir de l'analyser. Pour nous, aucune équivoque n'est
possible : *Je suis Martiniquaise* est un ouvrage au rabais,
prônant un comportement malsain.

Mayotte aime un Blanc dont elle accepte tout. C'est le
seigneur. Elle ne réclame rien, n'exige rien, sinon un peu
de blancheur dans sa vie. Et quand, se posant la question
de savoir s'il est beau ou laid, l'amoureuse dira : « Tout
ce que je sais, c'est qu'il avait les yeux bleus, les cheveux
blonds, le teint pâle, et que je l'aimais », — il est facile
de voir, en remettant les termes à leur place, qu'on obtient
à peu près ceci : « Je l'aimais parce qu'il avait les yeux
bleus, les cheveux blonds et le teint pâle. » Et nous qui
sommes Antillais, nous ne le savons que trop : le nègre
craint les yeux bleus, répète-t-on là-bas.

Quand nous disions dans notre introduction que l'infériorité avait été historiquement ressentie comme économique, nous ne nous trompions guère.

« Certains soirs, hélas ! il devait me quitter, pour rem-
plir ses obligations mondaines. Il allait à Didier, le quartier chic de Fort-de-France où vivent les « békès Martinique », qui ne sont peut-être pas de race très pure, mais
sont souvent très riches (il est admis qu'on est blanc à
partir d'un certain nombre de millions), et les « békès
France », pour la plupart fonctionnaires ou officiers.

« Parmi les camarades d'André, qui, comme lui, se trou-

1. Mayotte Capécia (Corrêa éd., p. 202).

vaient bloqués par la guerre aux Antilles, certains avaient
réussi à faire venir leurs femmes. Je comprenais qu'André
ne pouvait rester toujours à l'écart. J'acceptais aussi de
ne pas être admise dans ce cercle, puisque j'étais une
femme de couleur ; mais je ne pouvais m'empêcher d'être
jalouse. Il avait beau m'expliquer que sa vie intime était
une chose qui lui appartenait en propre et sa vie sociale
et militaire une autre dont il n'était pas le maître, j'in-
sistai tant qu'un jour il m'emmena à Didier. Nous pas-
sâmes la soirée dans une de ces petites villas que j'ad-
mirais depuis mon enfance, avec deux officiers et leurs
femmes. Celles-ci me regardaient avec une indulgence qui
me fut insupportable. Je sentais que je m'étais trop far-
dée, que je n'étais pas habillée comme il le fallait, que je
ne faisais pas honneur à André, peut-être simplement à
cause de la couleur de ma peau, enfin je passai une soirée
si désagréable que je décidai de ne plus jamais demander
à André de l'accompagner [2]. »

C'est à Didier, boulevard des richissimes Martiniquais,
que vont les désirs de la belle. Et c'est elle qui le dit :
on est blanc à partir d'un certain nombre de millions.
Les villas du quartier ont depuis longtemps fasciné les yeux
de l'auteur. D'ailleurs, nous avons l'impression que Mayotte
Capécia nous en fait accroire : elle nous dit avoir connu
Fort-de-France très tard, vers dix-huit ans ; pourtant, les
villas de Didier avaient charmé son enfance. Il y a dans
ce fait une inconséquence que l'on comprend si l'on situe
l'action. Il est habituel en effet, en Martinique, de rêver
à une forme de salut qui consiste à se blanchir magique-
ment. Une villa à Didier, son insertion dans la société de
là-haut (la colline de Didier domine la ville), et voici réa-
lisée la certitude subjective de Hegel. Et l'on voit assez
bien, par ailleurs, la place qu'occuperait dans la description de ce comportement la dialectique de l'être et de
l'avoir [3]. Tel n'est cependant pas encore le cas de Mayotte.
On lui « fait la tête ». Les choses commencent leur ronde...
C'est parce qu'elle est une femme de couleur qu'on ne la
tolère pas dans ces cercles. C'est à partir de sa facticité

---

2. *Je suis Martiniquaise*, p. 150.
3. *Etre et Avoir*, Gabriel Marcel (Aubier).

que s'élaborera le ressentiment. Nous verrons pourquoi
l'amour est interdit aux Mayotte Capécia de tous les pays.
Car l'autre ne doit pas me permettre de réaliser des phantasmes infantiles : il doit au contraire m'aider à les dépasser. Nous retrouvons dans l'enfance de Mayotte Capécia
un certain nombre de traits qui illustrent la ligne d'orien-
tation·de l'auteur. Et chaque fois qu'il y aura un mouvement, un ébranlement, ce sera toujours en rapport direct
avec ce but. Il semble en effet que pour elle le Blanc et
le Noir représentent les deux pôles d'un monde, pôles en
lutte perpétuelle : véritable conception manichéiste du
monde ; le mot est jeté, il faut s'en souvenir — Blanc ou
Noir, telle est la question.

Je suis Blanc, c'est-à-dire que j'ai pour moi la beauté
et la vertu, qui n'ont jamais été noires. Je suis de la couleur du jour...

Je suis Noir, je réalise une fusion totale avec le monde,
une compréhension sympathique de la terre, une perte
de mon moi au cœur du cosmos, et le Blanc, quelque
intelligent qu'il soit, ne saurait comprendre Armstrong
et les chants du Congo. Si je suis Noir, ce n'est pas à la
suite d'une malédiction, mais c'est parce que, ayant tendu
ma peau, j'ai pu capter tous les effluves cosmiques. Je
suis véritablement une goutte de soleil sous la terre...

Et l'on va dans un corps à corps avec sa noirceur ou
avec sa blancheur, en plein drame narcissiste, enfermé
chacun dans sa particularité, avec de temps à autre, il est
vrai, quelques lueurs, menacées toutefois à leur source.

Tout d'abord, c'est ainsi que le problème se pose à
Mayotte — à l'âge de cinq ans et à la troisième page de
son livre : « Elle sortait son encrier du pupitre et lui
flanquait une douche sur la tête. » C'était sa façon à elle
de transformer les Blancs en Noirs. Mais elle s'est aperçue
assez tôt de la vanité de ses efforts ; et puis il y a Lou-
louze et sa mère, qui lui ont dit que la vie pour une
femme de couleur était difficile. Alors, ne pouvant plus
noircir, ne pouvant plus négrifier le monde, elle va tenter
dans son corps et dans sa pensée de le blanchir. D'abord,
elle se fera blanchisseuse : « Je me faisais payer cher,
plus cher qu'ailleurs, mais je travaillais mieux, et comme
les gens de Fort-de-France aiment le linge propre, ils

venaient chez moi. Finalement, ils étaient fiers de se faire blanchir chez Mayotte [4]. »

Nous regrettons que Mayotte Capécia ne rous ait point fait part de ses rêves. Le contact avec son inconscient en eût été facilité. Au lieu de se découvrir noire absolument, elle va accidentaliser ce fait. Elle apprend que sa grand-mère est blanche : « Je m'en trouvais fière. Certes, je n'étais pas la seule à avoir du sang blanc, mais une grand-mère blanche, c'était moins banal qu'un grand-père blanc [5]. Et ma mère était donc une métisse ? J'aurais dû m'en douter en voyant son teint pâle. Je la trouvais plus jolie que jamais, et plus fine et plus distinguée. Si elle avait épousé un Blanc, peut-être aurais-je été tout à fait blanche ?... Et que la vie aurait été moins difficile pour moi ?... Je songeais à cette grand-mère que je n'avais pas connue et qui était morte parce qu'elle avait aimé un homme de couleur martiniquais... Comment une Canadienne pouvait-elle aimer un Martiniquais ? Moi qui pen-

---

4. *Je suis Martiniquaise*, p. 131.
5. Le Blanc étant le maître, et plus simplement le mâle, peut se payer le luxe de coucher avec beaucoup de femmes. Cela est vrai dans tous les pays et davantage aux colonies. Mais une Blanche qui accepte un Noir, cela prend automatiquement un aspect romantique. Il y a don et non pas viol. Aux colonies, en effet, sans qu'il y ait mariage ou co-habitation entre Blancs et Noires, le nombre de métis est extraordinaire. C'est que les Blancs couchent avec leurs servantes noires. — Ce qui n'autorise pas pour autant ce passage de Mannoni : « Ainsi une partie de nos tendances nous pousseraient assez naturellement vers les types les plus étrangers. Ce n'est pas seulement un mirage littéraire. Ce n'était pas littérature, et le mirage était sans doute mince quand les soldats de Gallieni se choisissaient des compagnes plus ou moins temporaires parmi les jeunes Ramatoa. En fait ces premiers contacts ne présentaient aucune difficulté. Cela tenait en partie à ce qu'était la vie sexuelle des Malgaches, saine et à peu près sans manifestations complexuelles. Mais cela prouve aussi que les conflits raciaux s'élaborent peu à peu et ne naissent pas spontanément. » (*Psychologie de la colonisation*, p. 110). N'exagérons rien. Quand un soldat des troupes conquérantes couchait avec une jeune Malgache, il n'y avait sans doute de sa part aucun respect de l'altérité. Les conflits raciaux ne sont pas venus après, ils ont coexisté. Le fait que des colons algériens couchent avec leur petite bonne de quatorze ans ne prouve aucunement l'absence de conflits raciaux en Algérie. Non, le problème est plus compliqué. — Et Mayotte Capécia a raison : c'est un honneur d'être la fille d'une femme blanche. Cela montre qu'elle n'est pas une fille « en bas feuille ». (On réserve ce terme à tous les rejetons des békés de la Martinique ; on sait qu'ils sont fort nombreux : Aubery, par exemple, est réputé en avoir eu près de cinquante.)

sais toujours à M. le Curé, je décidai que je ne pourrais aimer qu'un Blanc, un blond avec des yeux bleus, un Français [6]. »

Nous sommes avertis, c'est vers la lactification que tend Mayotte. Car enfin il faut blanchir la race ; cela, toutes les Martiniquaises le savent, le disent, le répètent. Blanchir la race, sauver la race, mais non dans le sens qu'on pourrait supposer : non pas préserver « l'originalité de la portion du monde au sein duquel elles ont grandi », mais assurer sa blancheur. Chaque fois que nous avons voulu analyser certains comportements, nous n'avons pu éviter l'apparition de phénomènes nauséeux. Le nombre de phrases, de proverbes, de petites lignes de conduite qui régissent le choix d'un amoureux est extraordinaire aux Antilles. Il s'agit de ne pas sombrer de nouveau dans la négraille, et toute Antillaise s'efforcera, dans ses flirts ou dans ses liaisons, de choisir le moins noir. Quelquefois elle est obligée, pour excuser un mauvais investissement, de faire appel à des arguments comme le suivant : « X est noir, mais la misère est plus noire que lui. » Nous connaissons beaucoup de compatriotes, étudiantes en France, qui nous avouent avec candeur, une candeur toute blanche, qu'elles ne sauraient épouser un Noir. (S'être échappée et y revenir volontairement ? Ah ! non, merci.) D'ailleurs, ajoutent-elles, ce n'est pas que nous contestions aux Noirs toute valeur, mais vous savez, il vaut mieux être blanc. Dernièrement, nous nous entretenions avec l'une d'entre elles. A bout de souffle, elle nous jeta à la face : « D'ailleurs, si Césaire revendique tant sa couleur noire, c'est parce qu'il ressent bien une malédiction. Est-ce que les Blancs revendiquent la leur ? En chacun de nous il y a une potentialité blanche, certains veulent l'ignorer ou plus simplement l'inversent. Pour ma part, pour rien au monde je n'accepterais d'épouser un nègre. » De telles attitudes ne sont pas rares, et nous avouons notre inquiétude, car cette jeune Martiniquaise, dans peu d'années, sera licenciée et ira enseigner dans quelque établissement aux Antilles. On devine aisément ce qu'il en adviendra.

Un travail colossal attend l'Antillais qui préalablement

6. *Je suis Martiniquaise*, p. 59.

aura passé au crible de l'objectivité les préjugés en cours chez lui. Quand nous avons commencé cet ouvrage, parvenu au terme de nos études médicales, nous nous proposions de le soutenir en tant que thèse. Et puis la dialectique exigea de nous des prises de position redoublées. Bien qu'en quelque sorte nous nous fussions attaqué à l'aliénation psychique du Noir, nous ne pouvions passer sous silence certains éléments qui, pour psychologiques qu'ils aient pu être, engendraient des effets ressortissant à d'autres sciences.

Toute expérience, surtout si elle se révèle inféconde, doit entrer dans la composition du réel et, par-là, occuper une place dans la re-structuration de ce réel. C'est-à-dire qu'avec ses tares, avec ses ratés, avec ses vices, la famille européenne, patriarcale, en rapport étroit avec la société que l'on sait, produit environ trois dixièmes de névrosés. Il s'agit, en s'appuyant sur les données psychanalytiques, sociologiques, politiques, d'édifier un nouveau milieu parental susceptible de diminuer sinon d'annuler la part de déchets, au sens asocial du terme.

Autrement dit, il s'agit de savoir si la *basic personality* est une donnée ou une variable.

Toutes ces femmes de couleur échevelées, en quête du Blanc, attendent. Et certainement un de ces jours elles se surprendront à ne pas vouloir se retourner, elles penseront « à une nuit merveilleuse, à un amant merveilleux, un Blanc ». Elles aussi peut-être s'apercevront un jour « que les Blancs n'épousent pas une femme noire ». Mais ce risque, elles ont accepté de le courir, ce qu'il leur faut, c'est de la blancheur à tout prix. Pour quelle raison ? Rien de plus facile. Voici un conte qui satisfait l'esprit :

« Un jour, saint Pierre voit arriver à la porte du paradis trois hommes : un Blanc, un mulâtre, un nègre.

» — Que désires-tu ? demande-t-il au Blanc.

» — De l'argent.

» — Et toi ? dit-il au mulâtre.

» — La gloire.

» Et comme il se tourne vers le Noir, celui-ci lui déclare avec un large sourire[7] :

---

7. Le sourire du Noir, le *grin*, semble avoir retenu l'attention de beaucoup

» — Je suis venu porter la malle de ces messieurs. »

Tout récemment, Etiemble, parlant d'une de ses déconvenues : « Ma stupeur, adolescent, quand une amie, et qui me connaissait, se leva outragée de m'entendre lui dire en une circonstance où c'était le mot propre et le seul qui convînt : « Toi qui es une négresse. — Moi ? une négresse ? ne vois-tu pas que je suis presque blanche ? Je déteste les nègres. Ils puent, les nègres. Ils sont sales, paresseux. Ne me parle jamais de nègres [8]. »

Nous en connaissions une autre qui avait une liste des dancings parisiens où-l'on-ne-risque-pas-de-rencontrer-des-nègres.

Il s'agit de savoir s'il est possible au Noir de dépasser son sentiment de diminution, d'expulser de sa vie le caractère compulsionnel qui l'apparente tant au comportement du phobique. Chez le nègre, il y a une exacerbation affective, une rage de se sentir petit, une incapacité à toute communion humaine qui le confinent dans une insularité intolérable.

Décrivant le phénomène de la rétraction du moi, Anna Freud écrit : « Il consiste dans une défense de ce moi contre les excitations extérieures ; cette rétraction, en tant que méthode d'évitement de déplaisir, n'appartient pas à la psychologie des névroses : elle constitue seulement

---

d'écrivains. Voici ce qu'en dit Bernard Wolfe : « Nous nous plaisons à représenter le Noir souriant de toutes ses dents à notre adresse. Et son sourire, tel que nous le voyons, — tel que nous le créons, — toujours signifie un *don...* »

Dons sans fin, tout au long des affiches, des écrans de cinéma, des étiquettes de produits alimentaires... Le Noir donne à Madame les nouvelles « teintes créole sombre » pour ses purs nylons, grâce à la maison de Vigny, ses flacons « grotesques », « tortillés », d'eau de Cologne de Golliwogg et de parfums. Cirage des chaussures, linge blanc comme neige, couchettes basses, confortables, transport rapide des bagages ; *jazz jitterbug, jive,* comédies, et les contes merveilleux de *Brer Rabbitt* (Frère Lapin) pour la joie des tout-petits. Le service avec le sourire toujours... « Les Noirs, écrit un anthropologiste (a), sont maintenus dans leur attitude obséquieuse par les sanctions extrêmes de la crainte et de la force, et ceci est bien connu des Blancs et des Noirs tout à la fois. Néanmoins les Blancs exigent que les Noirs se montrent souriants, empressés et amicaux dans tous leurs rapports avec eux... » *L'oncle Rémus et son lapin,* Bernard Wolfe, *Les Temps Modernes,* n° 43, p. 888.

(a) Geoffrey Gorer, *The American Spirit : A study in national character.*

8. « Sur le *Martinique* de Michel Cournot », *Les Temps Modernes,* février 1950.

dans l'évolution du moi un stade normal. Pour un jeune
moi malléable, tout mécompte subi dans un domaine se
trouve parfois compensé par des réussites parfaites dans
d'autres. Mais quand le moi est devenu rigide ou qu'il ne
tolère plus le déplaisir et s'en tient compulsionnellement
à la réaction de fuite, la formation du moi en subit les
fâcheuses conséquences, le moi, ayant abandonné un trop
grand nombre de ses positions, devient unilatéral, perd
trop de ses intérêts et voit ses activités perdre de leur
valeur [9]. »

Nous comprenons maintenant pourquoi le Noir ne peut
se complaire dans son insularité. Pour lui il n'existe
qu'une porte de sortie et elle donne sur le monde blanc.
D'où cette préoccupation permanente d'attirer l'attention
du Blanc, ce souci d'être puissant comme le Blanc, cette
volonté déterminée d'acquérir les propriétés de revêtement,
c'est-à-dire la partie d'être ou d'avoir qui entre dans la
constitution d'un moi. Comme nous le disions tout à
l'heure, c'est par l'intérieur que le Noir va essayer de
rejoindre le sanctuaire blanc. L'attitude renvoie à l'intention.

La rétraction du moi en tant que processus de défense
réussi est impossible au Noir. Il lui faut une sanction
blanche.

En pleine euphorie mystique, psalmodiant un cantique
ravissant, il semble à Mayotte Capécia qu'elle est un ange
et qu'elle s'envole « toute rose et blanche ». Il y a toutefois ce film, *Verts Pâturages*, où anges et Dieu sont noirs,
mais cela a terriblement choqué notre auteur : « Comment imaginer Dieu sous les traits d'un nègre ? Ce n'est
pas ainsi que je me représente le paradis. Mais, après
tout, il ne s'agissait que d'un film américain [10]. »

Non, vraiment, le Dieu bon et miséricordieux ne peut
pas être noir, c'est un Blanc qui a des joues bien roses.
Du noir au blanc, telle est la ligne de mutation. On est
blanc comme on est riche, comme on est beau, comme
on est intelligent.

9. A. Freud, *Le moi et les mécanismes de défense*, traduit par Anne Ber-
man, pp. 91-92.
10. *Je suis Martiniquaise*, p. 65.

Cependant, André est parti vers d'autres cieux porter le *Message blanc* à d'autres Mayottes : délicieux petits gènes aux yeux bleus, pédalant le long des couloirs chromosomiaux. Mais en bon Blanc, il a laissé des instructions. Il a parlé de leur enfant : « Tu l'élèveras, tu lui parleras de moi, tu lui diras : c'était un homme supérieur. Il faut que tu travailles pour être digne de lui [11]. »

Et la dignité ? Il n'avait plus à l'acquérir, elle était maintenant tissée dans le labyrinthe de ses artères, enfoncée dans ses petits ongles roses, bien calée, bien blanche.

Et le père ? Voici ce qu'en dit Etiemble : « Un beau spécimen du genre ; il parlait de la famille, du travail, de la patrie, du bon Pétain et du bon Dieu, ce qui lui permettait de l'engrosser selon les règles. Dieu s'est servi de nous, disait le beau salaud, le beau Blanc, le bel officier. Après quoi, que je te la plaque selon les mêmes règles pétainistes et bondieusardes. »

Avant d'en finir avec celle dont le Seigneur blanc est « comme mort » et qui se fait escorter par des morts dans un livre où s'étalent des choses lamentablement mortes, nous voudrions demander à l'Afrique de nous déléguer un messager [12].

Elle ne nous fait pas attendre ; c'est Abdoulaye Sadji qui, avec *Nini* [13], nous donne une description de ce que

11. *Je suis Martiniquaise*, p. 185.

12. Depuis *Je suis Martiniquaise*, Mayotte Capécia a écrit un autre ouvrage : *La négresse blanche*. Elle a dû s'apercevoir des erreurs commises, puisqu'on assiste à une tentative de revalorisation du nègre. Mais Mayotte Capécia a compté sans son inconscient. Dès que la romancière laisse un peu de liberté à ses personnages, c'est toujours pour accabler le nègre. Tous les nègres qu'elle décrit sont en quelque sorte des crapules ou des « Y'a bon Banania ».

De plus, et nous augurons déjà de l'avenir, nous pouvons affirmer que Mayotte Capécia s'est définitivement écartée de son pays. Dans ses deux ouvrages une seule attitude est laissée à son héroïne : partir. Ce pays de nègres est décidément maudit. Il y a en effet une malédiction qui flotte autour de Mayotte Capécia. Mais elle est centrifuge. Mayotte Capécia s'est interdite.

Qu'elle n'enfle plus le procès du poids de ses imbécillités.

Partez en paix, ô éclaboussante romancière... Mais sachez que, au-delà de vos cinq cents pages anémiées, on saura toujours retrouver le chemin honnête qui mène au cœur.

Ce, malgré vous.

13. *Présence Africaine*, 1-2-3.

peut être le comportement des Noirs en face des Européens. Nous l'avons dit, il existe des négrophobes. Ce n'est d'ailleurs pas la haine du Noir qui les anime ; ils n'en ont pas le courage, ou ne l'ont plus. La haine n'est pas donnée, elle a à se conquérir à tout instant, à se hisser à l'être, en conflit avec des complexes de culpabilité plus ou moins avoués. La haine demande à exister, et celui qui hait doit manifester cette haine par des actes, un comportement approprié ; en un sens, il doit se faire *haine*. C'est pourquoi les Américains ont substitué la discrimination au lynchage. Chacun de son côté. Aussi ne sommes-nous pas surpris qu'il y ait, dans les villes de l'Afrique noire (française ?), un quartier européen. L'ouvrage de Mounier : *L'éveil de l'Afrique noire*, avait déjà attiré notre attention, mais nous attendions, impatient, une voix africaine. Grâce à la revue d'Alioune Diop, nous avons pu coordonner les motivations psychologiques qui meuvent les hommes de couleur.

Il y a un étonnement, au sens le plus religieux du terme, dans ce passage : « M. Campian est le seul Blanc de Saint-Louis qui fréquente le Saint-Louisien Club [14], homme d'une certaine position sociale, puisqu'il est ingénieur des Ponts et Chaussées et sous-directeur des Travaux publics au Sénégal. On le croit très négrophile, plus négrophile que M. Roddin, professeur au lycée Faidherbe, qui a donné en plein Saint-Louisien Club une conférence sur l'égalité des races. La bonté de l'un ou de l'autre est un perpétuel sujet de discussions enflammées. En tout cas, M. Campian est plus fréquent au cercle, où il a eu l'occasion de connaître des indigènes très corrects et déférents vis-à-vis de lui ; qui l'aiment et s'honorent de sa présence parmi eux [15]. »

L'auteur, qui est instituteur en Afrique noire, est redevable à M. Roddin de cette conférence sur l'égalité des races. Nous appelons cette situation un scandale. On comprend les doléances que présentaient à Mounier les jeunes indigènes qu'il avait l'occasion de rencontrer : «Ce

14. Cercle où se réunit la jeunesse indigène. En face existe le cercle civil, exclusivement européen.
15. « Nini », *Présence Africaine*, 2, p. 280.

sont des Européens comme vous qu'il nous faudrait ici. »
On sent à tout instant que le fait pour le Noir de rencontrer un toubab [16] compréhensif représente un nouvel
espoir d'entente.

Analysant quelques passages du roman de M. Abdoulaye Sadji, nous essaierons de saisir sur le vif les réactions
de la femme de couleur en face de l'Européen. D'abord
il y a la négresse et la mulâtresse. La première n'a qu'une
possibilité et un souci : blanchir. La deuxième non seulement veut blanchir, mais éviter de régresser. Qu'y a-t-il
de plus illogique, en effet, qu'une mulâtresse qui épouse
un Noir ? Car, il faut le comprendre une fois pour toutes,
il s'agit de sauver la race.

De là le trouble extrême de Nini : un nègre ne s'est-il
pas enhardi jusqu'à la demander en mariage ? Un nègre
n'est-il pas allé jusqu'à lui écrire : « L'amour que je vous
offre est pur et robuste, il n'a point le caractère d'une tendresse intempestive faite pour vous bercer de mensonges
et d'illusions... Je voudrais vous voir heureuse, tout à fait
heureuse dans un milieu qui cadre bien avec vos charmes
que je crois savoir apprécier... Je considère comme un
honneur insigne et comme le bonheur le plus vaste de
vous avoir dans ma maison et de me dévouer à vous corps
et âme. Vos grâces rayonneraient dans mon foyer et
mettraient de la lumière dans les coins d'ombre... Par
ailleurs, je vous crois trop évoluée et suffisamment délicate pour décliner avec brutalité les offres d'un amour
loyal uniquement préoccupé de faire votre bonheur [17]. »

Cette dernière phrase ne doit pas nous étonner. Nor-
malement, la mulâtresse doit rejeter impitoyablement le
nègre prétentieux. Mais comme elle est évoluée, elle évi-
tera de voir la couleur de l'amant pour n'attacher d'importance qu'à sa loyauté. Décrivant Mactar, Abdoulaye
Sadji écrit : « Idéaliste et partisan convaincu d'une évolution à outrance, il croit encore en la sincérité des
hommes, en leur loyauté, et il suppose volontiers qu'en
tout, le mérite seul doit triompher [18]. »

---

16. Européen.
17. « Nini », *Présence Africaine*, p. 286.
18. *Ibid.*, pp. 281-282.

Qui est Mactar ? C'est un bachelier, comptable aux Entreprises fluviales, et il s'adresse à une petite dactylographe, toute bête, mais qui possède la valeur la moins discutée : elle est presque blanche. Alors on s'excusera de la liberté que l'on prend d'écrire une lettre : « La grande audace, la première peut-être qu'un nègre ait osé commettre [19]. »

On s'excusera d'oser proposer un amour noir à une âme blanche. Cela, nous le retrouverons chez René Maran : cette crainte, cette timidité, cette humilité du Noir dans ses rapports avec la Blanche, ou en tout cas avec une plus blanche que lui. De même que Mayotte Capécia accepte tout du seigneur André, Mactar se fait esclave de Nini la mulâtresse. Prêt à vendre son âme. Mais c'est une fin de non-recevoir qui attend cet impudent. La mulâtresse trouve que cette lettre est une insulte, un outrage fait à son honneur de « fille blanche ». Ce nègre est un imbécile, un bandit, un malappris qui a besoin d'une leçon. Elle la lui donnera, cette leçon ; elle lui apprendra à être plus décent et moins hardi ; elle lui fera comprendre que les « peaux blanches » ne sont pas pour « Bougnouls » [20].

En l'occurrence, la mulâtraille fera chorus à son indignation. On parle d'envoyer l'affaire en justice, de faire comparaître le Noir en Cour d'assises. « On va écrire au chef du service des Travaux publics, au gouverneur de la Colonie, pour leur signaler la conduite du Noir et obtenir son licenciement comme réparation du dégât moral qu'il a commis [21]. »

Un pareil manquement aux principes devrait être puni de castration. Et c'est à la police qu'en définitive on demandera d'admonester Mactar. Car s'il « recommence ses insanités morbides, on le fera dresser par M. Dru, inspecteur de police, que ses pareils ont surnommé le Blanc très-méchant [22] ».

Nous venons de voir comment réagit une fille de couleur à une déclaration d'amour venant d'un de ses congénères. Demandons-nous maintenant ce qui se produit avec le

19. « Nini », *Présence Africaine*, p. 281.
20. *Ibid.*, p. 287.
21. *Ibid.*, p. 288.
22. *Ibid.*, p. 289.

Blanc. C'est encore à Sadji que nous faisons appel.
L'étude fort longue qu'il consacre aux réactions que provoque le mariage d'un Blanc et d'une mulâtresse nous
servira d'excipient.

« Depuis quelque temps un bruit court par toute la
ville de Saint-Louis... C'est d'abord un petit chuchotement
qui va d'oreille en oreille, fait dilater les figures ridées
des vieilles « signaras », ranime leur regard éteint ; puis
les jeunes, ouvrant de grands yeux blancs et arrondissant
une bouche épaisse, se transmettent bruyamment la nouvelle qui ébranle des : Oh ! pas possible... Comment le
sais-tu ? Est-ce possible... C'est charmant... Ce que c'est
tordant... La nouvelle qui court depuis un mois dans tout
Saint-Louis est agréable, plus agréable que toutes les pro-
messes du monde. Elle couronne un certain rêve de grandeur, de distinction, qui fait que toutes les mulâtressses,
les Ninis, les Nanas et les Nénettes vivent hors des conditions naturelles de leur pays. Le grand rêve qui les hante
est celui d'être épousées par un Blanc d'Europe. On pourrait dire que tous leurs efforts tendent vers ce but, qui
n'est presque jamais atteint. Leur besoin de gesticulation,
leur amour de la parade ridicule, leurs attitudes calcu-
lées, théâtrales, écœurantes, sont autant d'effets d'une
même manie des grandeurs, il leur faut un homme blanc,
tout blanc, et rien que cela. Presques toutes attendent,
leur vie durant, cette bonne fortune qui n'est rien moins
que probable. Et c'est dans cette attente que la vieil-
lesse les surprend et les accule au fond des sombres
retraites où le rêve finalement se change en hautaine
résignation...

» Une nouvelle très agréable... M. Darrivey, européen
tout blanc et adjoint des Services civils, demande la main
de Dédée, mulâtresse de demi-teinte. Pas possible [23]. »

Le jour où le Blanc a dit son amour à la mulâtresse,
quelque chose d'extraordinaire a dû se passer. Il y eut
reconnaissance, intégration dans une collectivité qui semblait hermétique. La moins-value psychologique, ce sentiment de diminution et son corollaire, l'impossibilité
d'accéder à la limpidité, disparaissaient totalement. Du

23. « Nini », *Présence Africaine*, p. 489.

jour au lendemain, la mulâtresse passait du rang des
esclaves à celui des maîtres...

Elle était reconnue dans son comportement sur-com-
pensateur. Elle n'était plus celle qui avait voulu être
blanche, elle était blanche. Elle entrait dans le monde
blanc.

Dans *Magie noire*, Paul Morand nous décrivait pareil
phénomène, mais nous avons appris par la suite à nous
méfier de Paul Morand. Du point de vue psychologique,
il peut être intéressant de poser le problème suivant. La
mulâtresse instruite, l'étudiante en particulier, a un comportement doublement équivoque. Elle dit : « Je n'aime
pas le Nègre, parce qu'il est sauvage. Pas sauvage au sens
cannibale, mais parce qu'il manque de finesse. » Point de
vue abstrait. Et quand on lui objecte que des Noirs peuvent lui être supérieurs sur ce plan, elle allègue leur lai-
deur. Point de vue de la facticité. Devant les preuves d'une
réelle esthétique noire, elle dit ne pas la comprendre ; on
essaie alors de lui en révéler le canon : battement des
ailes du nez, un arrêt en apnée de la respiration, « elle
est libre de choisir son mari ». Appel, en dernier ressort,
à la subjectivité. Si, comme le dit Anna Freud, on accule
le moi en l'amputant de tout processus de défense, « si
on en rend conscientes les activités inconscientes, on
révèle et par-là on rend inopérants ses processus de
défense, l'affaiblissant davantage et favorisant le processus morbide [24] ».

Mais ici le moi n'a pas à se défendre, puisque ses revendications sont homologuées ; Dédée épouse un Blanc. Toutefois chaque médaille a son revers ; des familles entières
ont été bafouées. A trois ou quatre mulâtresses on a
adjoint des cavaliers mulâtres, or toutes leurs camarades
avaient des Blancs. « Cela fut regardé spécialement comme
une offense faite à leur famille entière ; offense qui exigeait d'ailleurs une réparation [25]. » Car ces familles étaient
humiliées dans leurs aspirations les plus légitimes, la
mutilation qu'elles subissaient portait sur le mouvement
même de leur vie... sur la tension de leur existence...

24. Anna Freud, *op. cit.*, p. 58.
25. « Nini », p. 498.

Elles voulaient, en référence à un profond désir, se changer, « évoluer ». On leur déniait ce droit. En tout cas, on le leur disputait.

Que dire, au terme de ces descriptions ?

Qu'il se soit agi de Mayotte Capécia la Martiniquaise ou de Nini la Saint-Louisienne, le même processus s'est retrouvé. Processus bilatéral, tentative de recouvrement — par intériorisation — de valeurs originellement interdites. C'est parce que la négresse se sent inférieure qu'elle aspire à se faire admettre dans le monde blanc. Elle s'aidera, dans cette tentative, d'un phénomène que nous appellerons *éréthisme affectif*.

Ce travail vient clore sept ans d'expériences et d'observations ; quel que soit le domaine par nous considéré, une chose nous a frappé : le nègre esclave de son infériorité, le Blanc esclave de sa supériorité, se comportent tous deux selon une ligne d'orientation névrotique. Aussi avons-nous été amené à envisager leur aliénation en référence aux descriptions psychanalytiques. Le nègre dans son comportement s'apparente à un type névrotique obsessionnel ou, si l'on préfère, il se place en pleine névrose situationnelle. Il y a chez l'homme de couleur tentative de fuir son individualité, de néantiser son être-là. Chaque fois qu'un homme de couleur proteste, il y a aliénation. Chaque fois qu'un homme de couleur réprouve, il y a aliénation. Nous verrons plus loin, au chapitre VI, que le nègre inférioris é va de l'insécurité humiliante à l'auto-accusation ressentie jusqu'au désespoir. Souvent, l'attitude du Noir en face du Blanc, ou en face de son congénère, reproduit presque intégralement une constellation délirante, qui touche au domaine pathologique.

On nous objectera qu'il n'y a rien de psychotique chez les Noirs dont il est question ici. Toutefois, nous voudrions citer deux traits hautement significatifs. Il y a quelques années, nous avons connu un Noir, étudiant en médecine. Il avait l'impression *infernale* de n'être pas estimé selon sa valeur, non pas sur le plan universitaire mais, disait-il, humainement. Il avait l'impression *infernale* que jamais il n'arriverait à se faire reconnaître en tant que confrère par les Blancs et en tant que docteur par les malades européens. A ces moments d'intuition délirante [26], les moments féconds [27] de la psychose, il s'enivrait. Et puis, un jour, il s'engagea dāns l'armée comme médecin auxiliaire ; et, ajoutait-il, pour rien au monde je n'accepte d'aller aux colonies ou d'être affecté à une unité coloniale. Il voulait avoir sous ses ordres des Blancs. C'était un chef ; comme tel, il devait être craint ou respecté. C'est en fait ce qu'il voulait, ce qu'il recherchait : amener les Blancs à avoir avec lui une attitude de Noirs. Ainsi se vengeait-il de l'*imago* qui l'avait de tout temps obsédé : le nègre effrayé, tremblant, humilié devant le seigneur blanc.

Nous avons connu un camarade, inspecteur des douanes dans un port de la métropole, qui était extrêmement dur aux visites des touristes ou des transitaires. « Car, nous disait-il, si tu n'es pas vache, ils te prennent pour un couillon. Comme je suis nègre, tu penses bien que les deux termes s'appellent... »

Dans *Connaissance de l'homme*, Adler écrit : « Pour inventorier la conception du monde d'un homme, il convient de procéder à des investigations comme si, à partir d'une impression d'enfance jusqu'à l'état de choses actuel, une ligne était tirée. En beaucoup de cas, on réussira de la sorte à tracer effectivement la voie où chemina jusqu'alors un sujet. C'est la courbe, la *ligne d'orientation* sur laquelle la vie de l'individu depuis son enfance se dessine schématiquement... Car ce qui agit véritablement, c'est toujours la ligne d'orientation de l'individu, ligne dont la configuration subit bien certaines modifications, mais dont le contenu principal, l'énergie et le sens même subsistent, implantés et sans changement depuis l'enfance, non sans une connexion avec l'entourage de l'enfance, qui plus tard se détachera du milieu plus vaste inhérent à la société humaine [28]. »

Nous anticipons, et déjà on aperçoit que la psychologie caractérielle d'Adler nous aidera à comprendre la conception du monde de l'homme de couleur. Comme le Noir est un ancien esclave, nous ferons aussi appel à Hegel ;

26. Dublineau, *L'intuition délirante.*
27. Lacan.
28. A. Adler, *Connaissance de l'Homme*, pp. 57-58 (Payot).

et, pour terminer, Freud doit pouvoir concourir à notre étude.

Nini, Mayotte Capécia : deux comportements qui nous invitent à réfléchir.

N'y a-t-il pas d'autres possibilités ?

Mais ce sont là des pseudo-questions que nous n'envisagerons pas. Nous dirons d'ailleurs que toute critique de l'existant implique une solution, si tant est qu'on puisse proposer une solution à son semblable, c'est-à-dire à une liberté.

Ce que nous affirmons, c'est que la tare doit être expulsée une fois pour toutes.

# 3

# L'homme de couleur
# et la Blanche

De la partie la plus noire de mon âme, à travers la zone hachurée me monte ce désir d'être tout à coup *blanc*.

Je ne veux pas être reconnu comme *Noir*, mais comme *Blanc*.

Or — et c'est là une reconnaissance que Hegel n'a pas décrite — qui peut le faire, sinon la Blanche ? En m'aimant, elle me prouve que je suis digne d'un amour blanc. On m'aime comme un Blanc.

Je suis un Blanc.

Son amour m'ouvre l'illustre couloir qui mène à la prégnance totale...

J'épouse la culture blanche, la beauté blanche, la blancheur blanche.

Dans ces seins blancs que mes mains ubiquitaires caressent, c'est la civilisation et la dignité blanches que je fais miennes.

Il y a une trentaine d'années, un Noir du plus beau teint, en plein coït avec une blonde « incendiaire », au moment de l'orgasme s'écria : « Vive Schœlcher ! » Quand on saura que Schœlcher est celui qui a fait adopter par la III° République le décret d'abolition de l'esclavage, on comprendra qu'il faille s'appesantir quelque peu sur les relations possibles entre le Noir et la Blanche.

On nous objectera que cette anecdote n'est pas authentique ; mais le fait qu'elle ait pu prendre corps et se maintenir à travers les âges est un indice : il ne trompe pas. C'est que cette anecdote agite un conflit explicite ou latent, mais réel. Sa permanence souligne l'adhésion du monde noir. Autrement dit, quand une histoire se maintient au sein du folklore, c'est qu'elle exprime en quelque façon une région de « l'âme locale ».

Avec l'analyse de *Je suis Martiniquaise* et de *Nini*, nous avons vu comment se comportait la négresse vis-à-vis du Blanc. Avec un roman de René Maran, — autobiographie, semble-t-il, de l'auteur, — tâchons de comprendre ce qui se passe dans le cas des Noirs.

Le problème est magnifiquement posé, car Jean Veneuse nous permettra d'approfondir davantage l'attitude du Noir. De quoi s'agit-il ? Jean Veneuse est un nègre. D'origine antillaise, il habite Bordeaux depuis longtemps ; donc c'est un Européen. Mais il est noir ; donc c'est un nègre. Voilà le drame. Il ne comprend pas sa race, et les Blancs ne le comprennent pas. Et, dit-il, « l'Européen en général, le Français en particulier, non contents d'ignorer le nègre de leurs colonies, méconnaissent celui qu'ils ont formé à leur image [1]. »

La personnalité de l'auteur ne se livre pas aussi facilement qu'on le voudrait. Orphelin, pensionnaire dans un lycée de province, il est condamné pendant les vacances à demeurer à l'internat. Ses amis et camarades, au moindre prétexte, s'éparpillent à travers la France, tandis que le petit nègre prend l'habitude de la rumination, en sorte que ses meilleurs amis seront ses livres. A l'extrême, je dirai qu'il y a une certaine récrimination, un certain ressentiment, une agressivité difficilement retenue, dans la longue, trop longue liste de « compagnons de route » que nous communique l'auteur : je dis à l'extrême, mais justement il s'agit d'y aller.

Incapable de s'intégrer, incapable de passer inaperçu, il va converser avec les morts, ou du moins avec les absents. Et sa conversation, à l'inverse de sa vie, survolera les siècles et les océans. Marc-Aurèle, Joinville, Pascal, Perez Galdos, Rabindranath Tagore... S'il nous fallait donner coûte que coûte une épithète à Jean Veneuse, nous en ferions un introverti, d'autres diraient un sensible, mais un sensible qui se réserve la possibilité de gagner sur le plan de l'idée et de la connaissance. C'est un fait, ses camarades et amis l'estiment beaucoup : « Quel rêveur

1. *Un homme pareil aux autres*, p. 11 (Ed. Arc-en-ciel).

incorrigible, c'est un type, vous savez, que mon vieil ami
Veneuse ! Il ne sort de ses bouquins que pour couvrir de
griffonnages son carnet de route [2]. »

Mais un sensible qui chante en espagnol et traduit en
anglais — coup sur coup. Un timide, mais aussi un
inquiet : «  Et pendant que je m'éloigne, j'entends Di-
vrande lui dire : un bon garçon, ce Veneuse, volontiers
chagrin et taciturne, mais très serviable. Vous pouvez
vous fier à lui. Vous verrez. C'est un nègre comme on
voudrait qu'il y eût beaucoup de Blancs [3]. »

Oui, certainement, un inquiet. Un inquiet collé à son
corps. Nous savons par ailleurs que M. René Maran cultive un amour pour André Gide. Nous pensions trouver
à *Un homme pareil aux autres* une fin nous rappelant celle de
*La Porte étroite.* Ce départ, ce ton de souffrance affective,
d'impossibilité morale, semblaient faire écho à l'aventure
de Jérôme et d'Alissa.

Mais il y a le fait que Veneuse est noir. C'est un ours
qui aime la solitude. C'est un penseur. Et quand une
femme veut entreprendre un flirt avec lui : « Vous êtes
venue trouver l'ours que je suis ! Prenez garde, petite
madame. C'est beau d'avoir du courage, mais vous allez
vous compromettre si vous continuez à vous afficher de
la sorte ! Un nègre. Fi donc ! ça ne compte pas. C'est
déchoir que frayer avec quelque individu que ce soit de
cette race [4]. »

Avant tout, il veut prouver aux autres qu'il est un
homme, qu'il est leur semblable. Mais ne nous y trompons
point, Jean Veneuse est l'homme à convaincre. C'est au
cœur de son âme, aussi compliquée que celle des Européens, que réside l'incertitude. Qu'on nous pardonne le
mot : Jean Veneuse est l'homme à abattre. Nous nous y
efforcerons.

Après avoir cité Stendhal et le phénomène de la « cristallisation », il constate « qu'il aime moralement Andrée dans
Madame Coulanges et physiquement avec Clarisse. C'est
insensé. Mais il en est ainsi, j'aime Clarisse, j'aime Madame

2. R. Maran, *op. cit.*, p. 87.
3. *Ibid.*, pp. 18-19.
4. *Ibid.*, pp. 45-46.

Coulanges, bien que je ne pense vraiment ni à l'une ni à l'autre. Elles ne sont pour moi qu'un alibi me permettant de me donner à moi-même le change. J'étudie Andrée en elles et apprends à la connaître par cœur... Je ne sais pas. Je ne sais plus. Je ne veux pas chercher à savoir quoi que ce soit, ou plutôt je ne sais plus qu'une chose, c'est que le nègre est un homme pareil aux autres, un homme comme les autres, et que son cœur, qui ne paraît simple qu'aux ignorants, est aussi compliqué que peut l'être celui du plus compliqué des Européens [3] ».

Car la simplicité nègre est un mythe forgé par des observateurs superficiels. « J'aime Clarisse, j'aime Madame Coulanges, et c'est Andrée Marielle que j'aime. Elle seule, pas une autre [6]. »

Qui est Andrée Marielle ? Vous savez, la fille du poète Louis Marielle ! Mais voilà, ce nègre, « qui par son intelligence et son travail assidu s'est élevé à la réflexion et à la culture de l'Europe [7] », est incapable de s'évader de sa race.

Andrée Marielle est blanche, toute solution semble impossible. Pourtant la fréquentation de Payot, Gide, Moréas et Voltaire avait semblé anéantir tout cela. De bonne foi, Jean Veneuse « a cru à cette culture et s'est mis à aimer ce nouveau monde découvert et conquis à son usage. Quelle erreur était la sienne ! Il a suffi qu'il prenne de l'âge et qu'il aille servir sa patrie adoptive au pays de ses ancêtres pour qu'il en arrive à se demander s'il n'était pas trahi par tout ce qui l'entourait, le peuple blanc ne le reconnaissant pas pour sien, le noir le reniant presque [8] ».

Jean Veneuse, se sentant incapable d'exister sans amour, va le rêver. Il va le rêver et ce sont des poèmes :

> « Quand on aime il ne faut rien dire,
> Il vaut bien mieux s'en cacher même. »

**Andrée Marielle lui a écrit son amour, mais Jean**

5. R. Maran, *op. cit.*, p. 83.
6. *Ibid.*
7. P. 36.
8. P. 36.

Veneuse a besoin d'une autorisation. Il faut qu'un Blanc lui dise : prends ma sœur. A son ami Coulanges, Veneuse a posé un certain nombre de questions. Voici, presque *in extenso*, la réponse de Coulanges :

« Old boy,

« Tu me consultes derechef sur ton cas, je vais te donner mon avis une fois de plus et une fois pour toutes. Procédons par ordre. Ta situation telle que tu me l'exposes est des plus nettes. Permets-moi néanmoins de déblayer le terrain devant moi. Ce sera pour toi tout profit.

» Quel âge avais-tu donc quand tu as quitté ton pays pour la France ? Trois ou quatre ans, je crois. Tu n'as depuis jamais revu ton île natale et ne tiens pas du tout à la revoir. Depuis tu as toujours vécu à Bordeaux. C'est à Bordeaux, depuis que tu es fonctionnaire colonial, que tu passes la majeure partie de tes congés administratifs. Bref, tu es vraiment de chez nous. Peut-être ne t'en rends-tu pas très bien compte. Sache en ce cas que tu es un Français de Bordeaux. Enfonce ça dans ta caboche. Tu ne sais rien des Antillais tes compatriotes. Je serais même étonné que tu parvinsses à t'entendre avec eux. Ceux d'ailleurs que je connais ne te ressemblent en rien.

» En fait tu es comme nous, tu es « nous ». Tes réflexions sont nôtres. Tu agis comme nous agissons, comme nous agirions. Tu te crois — et on te croit — nègre ? Erreur ! Tu n'en as que l'apparence. Pour le reste, tu penses en Européen. D'où il est naturel que tu aimes comme l'Européen. L'Européen n'aimant que l'Européenne, tu ne peux guère épouser qu'une femme du pays où tu as toujours vécu, une fille du bon pays de France, ton vrai, ton seul pays. Ceci étant, passons à ce qui fait l'objet de ta dernière lettre. D'un côté, il y a un nommé Jean Veneuse qui te ressemble comme un frère, de l'autre Mademoiselle Andrée Marielle. Andrée Marielle, qui est blanche de peau, aime Jean Veneuse, qui est excessivement brun et adore Andrée Marielle. Cela ne t'empêche pas de me demander ce qu'il faut faire. Délicieux crétin !...

» De retour en France, précipite-toi chez le père de celle qui en esprit déjà t'appartient et crie-lui en te frappant le cœur avec un bruit sauvage : « Je l'aime. Elle m'aime.

Nous nous aimons. Il faut qu'elle devienne ma femme.
Sinon je me tue à vos pieds [9]. »

Sollicité, le Blanc accepte donc de lui donner sa sœur,
— mais à une condition : tu n'as rien de commun avec les
véritables nègres. Tu n'es pas noir, tu es « excessivement
brun ».

Ce processus est bien connu des étudiants de couleur
en France. On refuse de les considérer comme d'authentiques nègres. Le nègre c'est le sauvage, tandis que l'étudiant est un évolué. Tu es « nous », lui dit Coulanges, et
si on te croit nègre c'est par erreur, tu n'en as que l'apparence. Mais Jean Veneuse ne veut pas. Il ne peut pas,
car il sait.

Il sait qu' « enragés de cet humiliant ostracisme,
mulâtres du commun et nègres n'ont qu'une pensée dès
qu'ils sont en Europe : assouvir l'appétit qu'ils ont de la
femme blanche.

» La plupart d'entre eux, et parmi eux ceux qui, plus
clairs de teint, vont souvent jusqu'à renier et leur pays
et leur mère, y font moins des mariages d'inclination que
des mariages où la satisfaction de dominer l'Européenne
est pimentée d'un certain goût d'orgueilleuse revanche.

» Alors je me demande s'il n'en est pas de moi comme
de tous et si en me mariant avec vous qui êtes une Européenne, je n'aurai pas l'air de proclamer que non seulement je dédaigne les femmes de ma race, mais qu'attiré
par le désir de la chair blanche, qui nous est défendue
à nous autres nègres depuis que les hommes blancs
règnent sur le monde, je m'efforce obscurément de me
venger sur une Européenne de tout ce que ses ancêtres
ont fait subir aux miens au long des siècles [10] ».

Que d'efforts pour se débarrasser d'une urgence subjective. Je suis un Blanc, je suis né en Europe, tous mes
amis sont blancs. Il n'y avait pas huit nègres dans la ville
que j'habitais. Je pense en français, ma religion est la
France. M'entendez-vous, je suis Européen, je ne suis pas
un nègre, et pour vous le prouver je m'en vais, en tant

9. R. Maran, *op. cit.*, pp. 152-153-154.
10. P. 185.

que commis civil, montrer aux véritables nègres la différence qui existe entre eux et moi. Et en effet, relisez atten-
tivement l'ouvrage, vous serez convaincu :

« Qui frappe à la porte ? Ah ! c'est vrai.

» — C'est toi, Soua ?

» — Oui, commandant.

» — Que me veux-tu ?

» — L'appel. Cinq gardes dehors. Dix-sept prisonniers
— manque personne.

» — A part ça, rien de neuf ? Pas de nouvelles du cour-
rier ?

» — Non, mon commandant [11]. »

M. Veneuse a des porteurs. Il a une jeune négresse dans
sa case. Et aux nègres qui semblent regretter son départ,
il sent que la seule chose à dire serait : « Allez-vous-en,
allez-vous-en ! Voyez... je suis malheureux de vous quitter.
Allez-vous-en ! Je ne vous oublierai pas. Je ne m'éloigne
de vous que parce que ce pays n'est pas le mien et parce
que je m'y sens trop seul, trop vide, trop privé de tout
ce confort qui m'est nécessaire et dont vous n'avez pas
besoin encore, heureusement pour vous [12]. »

Quand nous lisons de telles phrases, nous ne pouvons
nous empêcher de penser à Félix Eboué, d'un noir incon-
testable, qui dans les mêmes conditions comprit son
devoir d'une toute autre façon. Jean Veneuse n'est pas
un nègre, ne veut pas être un nègre. Pourtant, à son
insu, il s'est produit un hiatus. Il y a quelque chose d'in-
définissable, d'irréversible, véritablement le *that within* de
Harold Rosenberg [13].

Louis-T. Achille, dans sa communication aux Rencontres
inter-raciales de 1949, disait :

« Pour ce qui est du mariage proprement inter-racial,
on peut se demander dans quelle mesure il n'est pas
quelquefois pour le conjoint coloré une sorte de consé-
cration subjective de l'extermination en lui-même et à ses
propres yeux du préjugé de couleur dont il a longtemps
souffert. Il serait intéressant d'étudier cela dans un cer-

11. R. Maran, *op. cit.*, p. 162.

12. P. 213.

13. « Du Jeu au Je, Esquisse d'une géographie de l'action », *Les Temps Modernes*, 1948.

tain nombre de cas et peut-être de chercher dans ce
mobile confus la raison de certains mariages inter-raciaux
réalisés en dehors des conditions normales des ménages
heureux. Certains hommes ou certaines femmes épousent
en effet dans une autre race des personnes d'une condition ou d'une culture inférieures à la leur, qu'ils n'auraient
pas souhaitées comme conjoints dans leur propre race et
dont le principal atout semble être une garantie de dépayse-
ment et de « déracialisation » (l'horrible mot) pour le
conjoint. Chez certaines personnes de couleur, le fait
d'épouser une personne de race blanche semble avoir
primé toute autre considération. Elles y trouvent l'acces-
sion à une égalité totale avec cette race illustre, maîtresse
du monde, dominatrice des peuples de couleur [14]... »

Historiquement, nous savons que le nègre coupable
d'avoir couché avec une Blanche est castré. Le nègre qui
a possédé une Blanche est fait tabou par ses congénères.
C'est une facilité pour l'esprit de faire exact ce drame
d'une préoccupation sexuelle. Et c'est bien ce à quoi tend
l'archétype de *l'oncle Rémus* : Frère Lapin, qui représente
le Noir. Arrivera-t-il ou non à coucher avec les deux filles
de M^me Meadows ? Il y a des hauts et des bas, tout cela
conté par un nègre riant, bonhomme, jovial ; un nègre qui
offre en souriant.

Alors que nous nous éveillions très lentement à l'ébranlement pubertaire, il nous fut donné d'admirer un de nos
camarades revenant de la métropole, qui avait tenu une
jeune Parisienne dans ses bras. Dans un chapitre spécial,
nous essaierons d'analyser ce problème.

Nous entretenant récemment avec quelques Antillais,
nous apprîmes que le souci le plus constant de ceux qui
arrivaient en France était de coucher avec une Blanche.
A peine au Havre, ils se dirigent vers les maisons closes.
Une fois accompli ce rite d'initiation à l' « authentique »
virilité, ils prennent le train pour Paris.

Mais ce qui importe ici, c'est d'interroger Jean Veneuse.
Pour ce, nous ferons largement appel à l'ouvrage de Germaine Guex, *La névrose d'abandon* [15].

14. P. 113, *Rythmes du Monde*, 1949.
15. Presses Universitaires de France, 1950.

Opposant la névrose dite d'abandon, de nature pré-œdipienne, aux véritables conflits post-œdipiens décrits par l'orthodoxie freudienne, l'auteur analyse deux types dont le premier semble illustrer la situation de Jean Veneuse :

« C'est sur ce trépied de l'*angoisse* qu'éveille tout abandon, de l'*agressivité* qu'il fait naître et de la *non-valorisation* de soi-même qui en découle, que s'édifie toute la symptomatologie de cette névrose [16]. »

Nous faisions de Jean Veneuse un introverti. Nous savons caractérologiquement, ou mieux phénoménologiquement, qu'on peut faire dépendre la pensée autistique d'une introversion primaire [17].

« Chez le sujet du type négatif agressif, l'obsession du passé, avec ses frustrations, ses vides, ses échecs, paralyse l'élan vers la vie. Généralement plus introverti que le positif aimant, il a tendance à ressasser ses déceptions passées et présentes, développant en lui une zone plus ou moins secrète de pensées et de ressentiments amers et désabusés, qui constitue souvent une sorte d'autisme. Mais contrairement à l'autiste véritable, l'abandonnique a conscience de cette zone secrète qu'il cultive et défend contre toute intrusion. Plus égocentriste que le névrosé du second type (le positif aimant), il rapporte tout à lui-même. Il a peu de capacité oblative, son agressivité, un constant besoin de vengeance retiennent ses élans. Son repliement sur lui-même ne lui permet de faire aucune expérience positive qui compenserait son passé. Aussi l'absence de valorisation et, partant, de sécurité affective est chez lui presque complète ; de là un très fort sentiment d'impuissance en face de la vie et des êtres, et le rejet total du sentiment de la responsabilité. Les autres l'ont trahi et frustré, et c'est pourtant des autres seuls qu'il attend une amélioration de son sort [18]. »

Merveilleuse description où vient s'encastrer le personnage de Jean Veneuse. Car, nous dit-il, « il a suffi que je prenne de l'âge et que j'aille servir ma patrie adoptive au pays de mes ancêtres pour que j'en arrive à me

16. G. Guex, *La Névrose d'abandon*, p. 13.
17. Minkowski, *La Schizophrénie*, 1927.
18. Pp. 27-28.

demander *si je n'étais pas trahi* [19] par tout ce qui m'entourait, le peuple blanc ne me reconnaissant pas pour sien, le noir me reniant presque. Telle est mon exacte situation [20] ».

Attitude de récrimination envers le passé, non-valorisation de soi, impossibilité d'être compris comme il le voudrait. Ecoutez Jean Veneuse :

« Qui dira le désespoir des petits *pays-chauds* que leurs parents implantent en France trop tôt dans le dessein d'en faire de vrais Français ! Ils les internent du jour au lendemain dans un lycée, eux si libres et si vivants, « pour leur bien », disent-ils en pleurant.

» J'ai été de ces orphelins intermittents et souffrirai toute ma vie de l'avoir été. A sept ans, on a confié mon enfance scolaire à un grand lycée triste situé en pleine campagne... Mais les mille jeux de l'adolescence n'ont jamais pu me faire oublier combien la mienne fut douloureuse. Mon caractère lui doit cette mélancolie intime et cette crainte de la vie de société qui réprime aujourd'hui jusqu'à mes moindres élans [21]... »

Pourtant il aurait voulu être entouré, enchapé. Il n'aurait pas voulu être *abandonné*. Aux vacances, tout le monde partait, et seul, retenez le terme, seul dans le grand lycée blanc...

« Ah ! ces larmes d'enfant qui n'a personne pour le consoler... Il n'oubliera jamais qu'on l'a mis de bonne heure à l'apprentissage de la solitude... Existence cloîtrée, existence repliée et recluse où j'ai appris trop tôt à méditer et à réfléchir. Vie solitaire qui à la longue s'émeut longuement d'un rien — à cause de vous sensible en dedans, incapable d'extérioriser ma joie ou ma douleur, je repousse tout ce que j'aime et me détourne malgré moi de tout ce qui m'attire [22]. »

De quoi s'agit-il ? Deux processus : je ne veux pas qu'on m'aime. Pourquoi ? Parce qu'un jour, il y a de cela très longtemps, j'ai esquissé une relation objectale et j'ai été *abandonné*. Je n'ai jamais pardonné à ma mère. Ayant été

19. Souligné par nous.
20. G. Guex, *op. cit.*, p. 36.
21. P. 227.
22. P. 228.

abandonné, je ferai souffrir l'autre, et l'abandonner sera
l'expression directe de mon besoin de revanche. C'est en
Afrique que je pars ; je ne veux pas être aimé et je fuis
l'objet. Cela s'appelle, dit Germaine Guex, « mettre à
l'épreuve pour faire la preuve ». Je ne veux pas être
aimé, j'adopte une position de défense. Et si l'objet persiste, je déclarerai : je ne veux pas qu'on m'aime.

Non-valorisation ? Oui, certainement. « Cette non-valorisation de lui-même en tant qu'objet digne d'amour est
grave de conséquence. D'une part, elle maintient l'individu dans un état d'insécurité intérieure profond, de ce
fait elle inhibe ou fausse toute relation avec autrui. C'est
en tant qu'objet propre à susciter la sympathie ou l'amour
que l'individu doute de lui-même. La non-valorisation
affective s'observe uniquement chez des êtres ayant souffert d'une carence d'amour et de compréhension durant
leur petite enfance [23]. »

Jean Veneuse voudrait être un homme pareil aux autres,
mais il sait que cette situation est fausse. C'est un quê-
teur. Il cherche la tranquillité, la permission dans les
yeux du Blanc. Car lui, c'est « l'Autre ». — « La non-
valorisation affective amène toujours l'abandonnique à
un sentiment extrêmement pénible et obsédant d'exclusion, de n'avoir nulle part sa place, d'être de trop partout, affectivement parlant... Etre « l'Autre » est une
expression que j'ai rencontrée à plusieurs reprises dans
le langage des abandonniques. Etre « l'Autre », c'est se
sentir toujours en position instable, demeurer sur le qui-
vive, prêt à être répudié et... faisant inconsciemment tout
ce qu'il faut pour que la catastrophe prévue se produise.

» On ne saurait assez tenir compte de l'intensité de
souffrance qui accompagne de tels états d'abandon, souffrance qui se rattache d'une part aux premières expériences d'exclusion de l'enfance et en fait revivre toute
l'acuité [24]... »

L'abandonnique réclame des preuves. Il ne se contente
plus d'affirmations isolées. Il n'a pas confiance. Avant
de nouer une relation objective, il exige du partenaire

23. G. Guex, *op. cit.*, pp. 31-32.
24. Pp. 35-36.

des preuves réitérées. Le sens de son attitude est de « ne pas aimer pour ne pas être abandonné ». L'abandonnique est un exigeant. C'est qu'il a droit à toutes les réparations. Il veut être aimé totalement, absolument et pour toujours. Ecoutez :

> « Mon Jean bien-aimé,
>
> » Je ne reçois qu'aujourd'hui votre lettre de juillet dernier. Elle est parfaitement déraisonnable. Pourquoi me tourmenter ainsi ? Vous êtes — vous en rendez-vous bien compte ? — d'une cruauté dont rien n'approche. Vous me donnez un bonheur mêlé d'inquiétude. Vous faites que je suis en même temps la plus heureuse et la plus malheureuse des créatures. Combien de fois me faudra-t-il redire que je vous aime, que je suis à vous, que je vous attends. Venez [25]. »

Enfin l'abandonnique a abandonné. On le réclame. On a besoin de lui. Il est aimé. Pourtant, que de fantasmes ! M'aime-t-elle vraiment ? Me voit-elle objectivement ?

« Un jour, un monsieur, un grand ami de papa Ned, arriva, que n'avait jamais vu Pontaponte. Il venait de Bordeaux. Mais, Dieu ! qu'il était sale, Dieu ! qu'il était laid ce monsieur grand ami de papa Ned ! Il avait un vilain visage noir, tout noir, preuve qu'il ne devait pas se laver souvent [26]. »

Jean Veneuse, soucieux de trouver à l'extérieur des raisons à son complexe de Cendrillon, projette chez le gosse de trois ou quatre ans l'arsenal stéréotypique raciste. Et à Andrée il dira :

« Dites, Andrée chérie..., malgré ma couleur, consentiriez-vous à devenir ma femme, si je vous le demandais [27] ? »

Il doute terriblement. Voici ce qu'en dit G. Guex :

« La première caractéristique semble être la peur de se montrer tel qu'on est. C'est ici un vaste domaine de craintes diverses : peur de décevoir, de déplaire, d'en-

---

25. G. Guex, *op. cit.*, pp. 203-204.
26. Pp. 84-85.
27. Pp. 247-248.

nuyer, de lasser... et par conséquent de manquer une possibilité de créer avec autrui un lien de sympathie, ou, s'il existe, de porter atteinte à ce lien. L'abandonnique doute qu'on puisse l'aimer tel qu'il est, car il a fait la cruelle expérience de l'abandon alors qu'il se proposait à la tendresse des autres, tout petit, donc sans artifice [28]. »

Pourtant Jean Veneuse n'a pas une vie dépourvue de compensations. Il taquine la muse. Ses lectures sont imposantes, son étude sur Suarès est fort intelligente. Cela aussi est analysé par G. Guex : « Prisonnier de lui-même, confiné dans son quant-à-soi, le négatif-agressif grossit son sentiment d'irréparable de tout ce qu'il continue à perdre ou que sa passivité lui fait manquer... Aussi, exception faite de secteurs privilégiés comme *sa vie intellectuelle ou sa profession* [29], conserve-t-il un profond sentiment de non-valeur [30]. »

A quoi tend cette analyse ? A rien de moins qu'à démontrer à Jean Veneuse qu'effectivement il n'est pas pareil aux autres. Faire honte aux gens de leur existence, disait Jean-Paul Sartre. Oui : les amener à prendre conscience des possibilités qu'ils se sont interdites, de la passivité dont ils ont fait montre dans des situations où justement il fallait, telle une écharde, s'agripper au cœur du monde, forcer s'il le fallait le rythme du cœur du monde, déplacer s'il le fallait le système de commande, mais en tout cas, mais certainement, *faire face au monde*.

Jean Veneuse est le croisé de la vie intérieure. Quand il retrouve Andrée, placé en face de cette femme qu'il désire depuis de longs mois, il se réfugie dans le silence... le silence si éloquent de ceux qui « connaissent l'artificialité de la parole ou du geste ».

Jean Veneuse est un névrosé et sa couleur n'est qu'une tentative d'explication d'une structure psychique. N'eût-elle pas existé, cette différence objective, qu'il l'eût créée de toutes pièces.

Jean Veneuse est un de ces intellectuels qui veulent se placer uniquement sur le plan de l'idée. Incapable de

---

28. G. Guex, *op. cit.*, p. 39.
29. Souligné par nous.
30. P. 44.

réaliser le contact concret avec son semblable. Est-on bienveillant avec lui, gentil, humain ? C'est parce qu'il a surpris des secrets de concierge. Il « les connaît » et se tient sur ses gardes. « Ma vigilance, si l'on peut s'exprimer ainsi, est un cran d'arrêt. J'accueille avec politesse et naïveté les avances que l'on nous fait. Accepte et rends les apéritifs que l'on nous offre, participe aux petits jeux de société qu'on organise sur le pont, mais ne me laisse pas prendre à la bienveillance qu'on nous témoigne, méfiant que je suis de cette sociabilité excessive qui a remplacé un peu trop vite l'hostilité au milieu de laquelle on a essayé naguère de nous isoler[31]. »

Il accepte les apéritifs, mais les rend. Il ne veut rien devoir à personne. Car s'il ne les rend pas, il est un nègre, ingrat comme tous les autres.

Est-on méchant ? Justement c'est parce qu'il est nègre. Car on ne peut pas ne pas le détester. Or nous le disons, Jean Veneuse, alias René Maran, n'est ni plus ni moins qu'un abandonnique noir. Et on le remet à sa place, à sa juste place. C'est un névrosé qui a besoin d'être délivré de ses fantasmes infantiles. Et nous disons que Jean Veneuse ne représente pas une expérience des rapports noir-blanc, mais une certaine façon pour un névrosé, accidentellement noir, de se comporter. Et l'objet de notre étude se précise : permettre à l'homme de couleur de comprendre, à l'aide d'exemples précis, les tenants psychologiques qui peuvent aliéner ses congénères. Nous y insisterons davantage dans le chapitre réservé à la description phénoménologique, mais, rappelons-le, notre but est de rendre possible pour le Noir et le Blanc une saine rencontre.

Jean Veneuse est laid. Il est noir. Que faut-il d'autre ? Qu'on relise les quelques observations de Guex, et l'on se convaincra de cette évidence : *Un homme pareil aux autres* est une imposture, un essai de faire dépendre le contact entre deux races d'une morbidité constitutionnelle. Il faut en convenir : sur le plan de la psychanalyse comme sur celui de la philosophie, la constitution n'est mythe que pour celui qui la dépasse. Si d'un point de vue heu-

31. G. Guex, *op. cit.*, p. 103.

ristique on doit dénier toute existence à la constitution, il demeure, nous n'y pouvons rien, que des individus s'efforcent d'entrer dans des cadres préétablis. Ou du moins, si : nous y pouvons quelque chose.

Nous parlions tout à l'heure de Jacques Lacan : ce n'était pas un hasard. En 1932, il a, dans sa thèse, fait une critique violente de la notion de constitution. Apparemment, nous nous écartons de ses conclusions, mais l'on comprendra notre dissidence quand on se rappellera qu'à la notion de constitution au sens où l'entendait l'école française, nous substituons celle de structure, — « englobant la vie psychique inconsciente telle que nous pouvons partiellement la connaître, en particulier sous la forme de refoulé et de refoulant, en tant que ces éléments participent activement à l'organisation propre de chaque individualité psychique [32] ».

Nous l'avons vu, Jean Veneuse révèle à l'examen une structure d'abandonnique du type négatif-agressif. On peut tenter d'expliquer cela réactionnellement, c'est-à-dire par l'interaction milieu-individu, et prescrire par exemple un changement de milieu, « un changement d'air ». Justement, on s'est aperçu que dans ce cas la structure demeurait. Le changement d'air que s'est imposé Jean Veneuse n'était pas dans le but de se situer en tant qu'homme ; il n'avait pas pour fin une saine mise en forme du monde ; il ne recherchait point cette prégnance caractéristique de l'équilibre psycho-social, mais bien une confirmation de sa névrose *externisante*.

La structure névrotique d'un individu sera justement l'élaboration, la formation, l'éclosion dans le moi de nœuds conflictuels provenant d'une part du milieu, d'autre part de la façon toute personnelle dont cet individu réagit à ces influences.

De même qu'il y avait une tentative de mystification à vouloir inférer du comportement de Nini et de Mayotte Capécia une loi générale du comportement de la Noire vis-à-vis du Blanc, il y aurait, affirmons-nous, manquement à l'objectivité dans l'extension de l'attitude de Veneuse à l'homme de couleur en tant que tel. Et nous

32. G. Guex, *La névrose d'abandon*, p. 54.

voudrions avoir découragé toute tentative en vue de ramener les échecs d'un Jean Veneuse à la plus ou moins
grande concentration en mélanine de son épiderme.

Il faut que ce mythe sexuel — recherche de la chair
blanche — ne vienne plus, transité par des consciences
aliénées, gêner une compréhension active.

En aucune façon ma couleur ne doit être ressentie
comme une tare. A partir du moment où le nègre accepte
le clivage imposé par l'Européen, il n'a plus de répit et,
« dès lors, n'est-il pas compréhensible qu'il essaie de s'élever jusqu'au Blanc ? S'élever dans la gamme des couleurs
auxquelles il assigne une sorte de hiérarchie[33] ? »

Nous verrons qu'une autre solution est possible. Elle
implique une restructuration du monde.

33. Claude Nordey, *L'homme de couleur*, Coll. « Présences », Plon,
éd., 1939.

# 4

# Du prétendu complexe
# de dépendance du colonisé

*Il n'y a pas dans le monde un pauvre type lynché, un pauvre homme torturé, en qui je ne sois assassiné et humilié.* (Aimé Césaire, *Et les chiens se taisaient.*)

Lorsque nous avons commencé ce travail, nous ne possédions que quelques études de M. Mannoni parues dans la revue *Psyché*. Nous nous proposions d'écrire à l'auteur pour le prier de nous communiquer les conclusions auxquelles il était parvenu. Depuis, nous avons su qu'un ouvrage allait paraître qui réunirait ses réflexions. Cet ouvrage est paru : *Psychologie de la colonisation*. Nous allons l'étudier.

Avant d'entrer dans le détail, disons que la pensée analytique est honnête. Ayant vécu à l'extrême l'ambivalence inhérente à la situation coloniale, M. Mannoni est parvenu à une saisie malheureusement trop exhaustive des phénomènes psychologiques qui régissent les rapports indigène-colonisateur.

La caractéristique fondamentale de la recherche psychologique actuelle semble consister dans la réalisation d'une certaine exhaustivité. Mais on ne doit pas perdre de vue le réel.

Nous montrerons que M. Mannoni, bien qu'ayant consacré deux cent vingt-cinq pages à l'étude de la situation coloniale, n'en a pas saisi les véritables coordonnées.

Quand on aborde un problème aussi important que l'inventaire des possibilités de compréhension de deux peuples différents, on doit redoubler d'attention.

Nous sommes redevable à M. Mannoni d'avoir introduit dans la procédure deux éléments dont l'importance ne saurait plus échapper à personne.

Une analyse rapide avait semblé écarter la subjectivité de ce domaine. L'étude de M. Mannoni est une recherche sincère, car elle se propose de montrer qu'on ne saurait expliquer l'homme en dehors de cette possibilité qu'il a d'assumer ou de nier une situation donnée. Le problème de la colonisation comporte ainsi non seulement l'inter-section de conditions objectives et historiques, mais aussi l'attitude de l'homme à l'égard de ces conditions.

Pareillement, nous ne pouvons qu'adhérer à cette partie du travail de M. Mannoni qui tend à pathologiciser le conflit, c'est-à-dire à démontrer que le Blanc colonisateur n'est mû que par son désir de mettre fin à une insatisfaction, sur le plan de la sur-compensation adlérienne.

Toutefois, nous nous découvrons en opposition avec lui quand nous lisons cette phrase : « Le fait qu'un Malgache *adulte* isolé dans un autre milieu peut devenir sensible à l'infériorité de type classique prouve de façon à peu près irréfutable que, depuis son enfance, il existait en lui un germe d'infériorité [1]. »

A la lecture de ce passage, nous sentons chavirer quelque chose, et l' « objectivité » de l'auteur risque de nous induire en erreur.

Avec ferveur cependant, nous avons essayé de retrouver la ligne d'orientation, le thème fondamental du livre : « L'idée centrale est que la mise en présence des « civilisés » et des « primitifs » crée une situation particulière — la situation coloniale — faisant *apparaître* un ensemble d'illusions et de malentendus que seule l'analyse psychologique peut situer et définir [2]. »

Or, puisque tel est le point de départ de M. Mannoni, pourquoi veut-il faire du complexe d'infériorité quelque chose de préexistant à la colonisation ? Nous reconnaissons là le mécanisme d'explication qui, en psychiatrie, donnerait : il y a des formes latentes de la psychose qui deviennent manifestes à la suite d'un traumatisme. Et en

1. O. Mannoni, *Psychologie de la colonisation*, p. 32. (Ed. du Seuil).
2. Cf. p. 11 de la couverture. — C'est nous qui soulignons.

chirurgie : l'apparition de varices chez un individu ne provient pas de l'obligation pour lui de rester dix heures debout, mais bien d'une fragilité constitutionnelle de la paroi veineuse ; le mode de travail n'est qu'une condition favorisante, et le sur-expert requis décrète très limitée la responsabilité de l'employeur.

Avant d'aborder dans le détail les conclusions de M. Mannoni, nous voudrions préciser notre position. Une fois pour toutes, nous posons ce principe : une société est raciste ou ne l'est pas. Tant qu'on n'aura pas saisi cette évidence, on laissera de côté un grand nombre de problèmes. Dire, par exemple, que le nord de la France est plus raciste que le sud, que le racisme est l'œuvre des subalternes, donc n'engage nullement l'élite, que la France est le pays le moins raciste du monde, est le fait d'hommes incapables de réfléchir correctement.

Pous nous prouver que le racisme ne reproduit pas la situation économique, l'auteur nous rappelle qu' « en Afrique du Sud les ouvriers blancs se montrent autant et parfois plus racistes que les dirigeants et les employeurs [3] ».

Nous nous excusons, mais nous voudrions que ceux qui se chargent de décrire la colonisation se rappellent une chose : c'est qu'il est utopique de rechercher en quoi un comportement inhumain se différencie d'un autre comportement inhumain. Nous ne voulons nullement enfler le monde de nos problèmes, mais nous voudrions bonnement demander à M. Mannoni s'il ne pense pas que pour un Juif les différences entre l'antisémitisme de Maurras et celui de Gœbbels sont impalpables.

A la fin d'une représentation de *La Putain respectueuse* en Afrique du Nord, un général disait à Sartre : « Il serait bon que votre pièce fût jouée en Afrique noire. Elle montre bien à quel point le Noir en pays français est plus heureux que son congénère américain. »

Je crois sincèrement qu'une expérience subjective peut être comprise par autrui ; et il ne me plaît nullement de venir en disant : le problème noir est mon problème, moi seul, puis de me mettre à l'étudier. Mais il me semble

3. O. Mannoni, *op. cit.*, p. 16.

que M. Mannoni n'a pas essayé de ressentir par le dedans le désespoir de l'homme de couleur en face du Blanc. Je me suis attaché dans cette étude à toucher la misère du Noir. Tactilement et affectivement. Je n'ai pas voulu être objectif. D'ailleurs, c'est faux : il ne m'a pas été possible d'être objectif.

En vérité, y a-t-il donc une différence entre un racisme et un autre ? Ne retrouve-t-on pas la même chute, la même faillite de l'homme ?

M. Mannoni estime que le pauvre blanc d'Afrique du Sud déteste le Noir indépendamment de tout processus économique. Outre qu'on peut comprendre cette attitude en évoquant la mentalité antisémite — « aussi nommerais-je volontiers l'antisémitisme un snobisme du pauvre. Il semble en effet que la plupart des riches *utilisent* [4] cette passion plutôt qu'ils ne s'y abandonnent, ils ont mieux à faire. Elle se propage à l'ordinaire dans les classes moyennes, précisément parce qu'elles ne possèdent ni terre ni château, ni maison ! En traitant le Juif comme un être inférieur et pernicieux, j'affirme du même coup que je suis d'une élite [5] » —, nous pourrions rétorquer que ce déplacement de l'agressivité du prolétariat blanc sur le prolétariat noir est fondamentalement une conséquence de la structure économique de l'Afrique du Sud.

Qu'est-ce que l'Afrique du Sud ? Une chaudière où 2 530 300 Blancs matraquent et parquent 13 000 000 de Noirs. Si les pauvres Blancs haïssent les nègres, ce n'est pas, comme le laisserait entendre M. Mannoni, parce que « le racisme est l'œuvre de petits commerçants et de petits colons qui ont beaucoup trimé sans grand succès [6] ». Non, c'est parce que la structure de l'Afrique du Sud est une structure raciste : « Négrophilie et philanthropie sont des injures en Afrique du Sud... on propose de séparer les indigènes des Européens, territorialement, économiquement et sur le terrain politique, et de leur permettre d'édifier leur propre civilisation sous la direction et l'autorité de Blancs, mais avec un minimum de contact entre

4. Souligné par nous.
5. J.-P. Sartre, *Réflexions sur la question juive*, p. 32.
6. Mannoni, *op. cit.*, p. 16.

les races. On propose de réserver aux indigènes des territoires et d'obliger le plus grand nombre à y habiter... La compétition économique serait supprimée et un chemin préparé *pour la réhabilitation des « pauvres Blancs » qui forment 50 % de la population européenne...*

» Il n'est pas exagéré de dire que la plupart des Sud-Africains éprouvent une répugnance presque physique vis-à-vis de tout ce qui met un indigène ou une personne de couleur à leur niveau [7]. »

Pour en finir avec l'argument de M. Mannoni, rappelons que « la barrière économique vient entre autres causes de la crainte de la concurrence et du désir de protéger les classes des Blancs pauvres qui forment la moitié de la population européenne et de les empêcher de tomber plus bas ».

M. Mannoni continue : « L'exploitation coloniale ne se confond pas avec les autres formes d'exploitation, le racisme colonial diffère des autres racismes [8]... » L'auteur parle de phénoménologie, de psychanalyse, d'unité humaine, mais nous voudrions que ces termes revêtent chez lui un caractère plus concret. Toutes les formes d'exploitation se ressemblent. Elles vont toutes chercher leur nécessité dans quelque décret d'ordre biblique. Toutes les formes d'exploitation sont identiques, car elles s'appliquent toutes à un même « objet » : l'homme. A vouloir considérer sur le plan de l'abstraction la structure de telle exploitation ou de telle autre, on se masque le problème capital, fondamental, qui est de remettre l'homme à sa place.

Le racisme colonial ne diffère pas des autres racismes.

L'antisémitisme me touche en pleine chair, je m'émeus, une contestation effroyable m'anémie, on me refuse la possibilité d'être un homme. Je ne puis me désolidariser du sort réservé à mon frère. Chacun de mes actes engage l'homme. Chacune de mes réticences, chacune de mes lâchetés manifeste l'homme [9]. Il nous semble encore

7. R. P. Oswin, Magrath du couvent dominicain de Saint-Nicolas, Stallenbosch, Afrique Australe Anglaise, *L'homme de couleur*, p. 140. — Souligné par nous.

8. Mannoni, *op. cit.*, p. 19.

9. En écrivant ceci, nous pensons à la culpabilité métaphysique de Jaspers :

entendre Césaire : « Quand je tourne le bouton de ma
radio, que j'entends qu'en Amérique des nègres sont lynchés, je dis qu'on nous a menti : Hitler n'est pas mort ;
quand je tourne le bouton de ma radio, que j'apprends
que des Juifs sont insultés, méprisés, pogromisés, je dis
qu'on nous a menti : Hitler n'est pas mort ; que je
tourne enfin le bouton de ma radio et que j'apprenne
qu'en Afrique le travail forcé est institué, légalisé, je dis
que, véritablement, on nous a menti : Hitler n'est pas
mort [10]. »

Oui, la civilisation européenne et ses représentants les
plus qualifiés sont responsables du racisme colonial [11] ;
et nous faisons encore appel à Césaire : « Et alors, un

---

« Il existe entre les hommes, du fait qu'ils sont des hommes, une solidarité
en vertu de laquelle chacun se trouve co-responsable de toute injustice et de
tout mal commis dans le monde, et en particulier de crimes commis en sa
présence, ou sans qu'il les ignore. Si je ne fais pas ce que je peux pour les
empêcher, je suis complice. Si je n'ai pas risqué ma vie pour empêcher l'as-
sassinat d'autres hommes, si je me suis tenu coi, je me sens coupable en un
sens qui ne peut être compris de façon adéquate ni juridiquement, ni politi-
quement, ni moralement... Que je vive encore après que de telles choses se
soient passées pèse sur moi comme une culpabilité inexpiable.

» Quelque part dans la profondeur des rapports humains s'impose une
exigence absolue : en cas d'attaque criminelle ou de conditions de vie mena-
çant l'être physique, n'accepter de vivre que tous ensemble ou pas du tout »
(Karl Jaspers, *La culpabilité allemande*, traduit par Jeanne Hersch, pp. 60-61).

Jaspers déclare que l'instance compétente est Dieu. Il est facile de voir que
Dieu n'a rien à faire ici. A moins qu'on ne veuille expliciter cette obligation pour la réalité humaine de se sentir responsable de son semblable. Responsable en ce sens que le moindre de mes actes engage l'humanité. Chaque
acte est réponse ou question. Les deux peut-être. En exprimant une certaine
façon pour mon être de se dépasser j'affirme la valeur de mon acte pour
autrui. Inversement la passivité observée aux heures troublantes de l'Histoire,
s'interprète en tant que faillite à cette obligation. Jung, dans *Aspects du
drame contemporain*, dit que tout Européen doit être à même de répondre
des crimes commis par la barbarie nazie, devant un Asiatique ou un Hindou.
Un autre auteur, Madame Maryse Choisy, dans *L'Anneau de Polycrate*, a pu
décrire la culpabilité qui fut le lot des « neutres » pendant l'occupation.
Ils se sentaient confusément responsables de tous ces morts et de tous les
Büchenwald.

10. Cité de mémoire. — *Discours politiques*, Campagne électorale 1945,
Fort-de-France.

11. « La civilisation européenne et ses représentants les plus qualifiés ne
sont pas responsables du racisme colonial ; mais celui-ci est l'œuvre de
subalternes et de petits commerçants, de colons qui ont beaucoup trimé sans
grand succès. » (Mannoni, p. 16).

beau jour, la bourgeoisie est réveillée par un formidable choc en retour : les gestapos s'affairent, les prisons s'emplissent, les tortionnaires inventent, raffinent, discutent autour des chevalets.

» On s'étonne, on s'indigne. On dit : « Comme c'est curieux ! Mais, bah ! c'est le nazisme, ça passera ! » Et on attend, et on espère ; et on se tait à soi-même la vérité, que c'est une barbarie, mais la barbarie suprême, celle qui couronne, celle qui résume la quotidienneté des barbaries ; que c'est du nazisme, oui, mais qu'avant d'en être la victime on en a été le complice ; que ce nazisme-là, on l'a supporté avant de le subir, on l'a absout, on a fermé l'œil là-dessus, on l'a légitimé, parce que, jusque-là, il ne s'était appliqué qu'à des peuples non européens ; que ce nazisme-là, on l'a cultivé, on en est responsable, et qu'il sourd, qu'il perce, qu'il goutte, avant de l'engloutir dans ses eaux rougies, de toutes les fissures de la civilisation occidentale et chrétienne [12]. »

Chaque fois que nous voyons des Arabes, l'allure traquée, méfiants, fuyants, drapés de ces longues vestes déchirées qui semblent être fabriquées à leur intention, nous nous disons : M. Mannoni s'est trompé. Souventefois, nous nous sommes fait arrêter en plein jour par les inspecteurs de police qui nous prenaient pour un Arabe, et quand ils découvraient notre origine, ils s'empressaient de s'excuser : « Nous savons bien qu'un Martiniquais est différent d'un Arabe. » Véhémentement nous protestions, mais, nous disait-on, « vous ne les connaissez pas ». En vérité, M. Mannoni, vous vous êtes trompé. Car que signifie cette expression : « La civilisation européenne et ses représentants les plus qualifiés ne sont pas responsables du racisme colonial » ? Que signifie-t-elle sinon que le colonialisme est l'œuvre d'aventuriers et de politiciens, les « représentants les plus qualifiés » se tenant en effet au-dessus de la mêlée. Mais, dit Francis Jeanson, tout ressortissant d'une nation est responsable des agissements perpétrés au nom de cette nation : « Jour après jour, ce système développe autour de vous ses conséquences pernicieuses, jour après jour ses promoteurs vous trahissent,

12. Aimé Césaire, *Discours sur le colonialisme*, pp. 14-15.

poursuivant au nom de la France une politique aussi
étrangère que possible, non seulement à vos véritables
intérêts, mais aussi à vos exigences les plus profondes...
Vous vous faites gloire de vous maintenir à distance d'un
certain ordre de réalités : ainsi laissez-vous les mains
libres à ceux que les atmosphères malsaines ne sauraient
point rebuter, puisqu'ils les créent eux-mêmes par leur
propre comportement. Et si vous parvenez, apparemment,
à ne pas vous salir, c'est que d'autres se salissent à votre
place. *Vous avez des hommes de main,* et tout compte fait,
c'est vous les vrais coupables : car sans vous, sans votre
négligente cécité, de tels hommes ne pourraient poursuivre une action qui vous condamne autant qu'elle les
déshonore [13]. »

Nous disions tout à l'heure que l'Afrique du Sud avait
une structure raciste. Nous allons plus loin et nous disons
que l'Europe a une structure raciste. On voit bien que
M. Mannoni n'est pas intéressé à ce problème, puisqu'il
dit : « La France est le pays le moins raciste du
monde [14]. » Beaux nègres, réjouissez-vous d'être français,
même si c'est un peu dur, car en Amérique vos congénères sont plus malheureux que vous... La France est un
pays raciste, car le mythe du nègre-mauvais fait partie
de l'inconscient de la collectivité. Nous le montrerons
plus loin (ch. VI).

Continuons avec M. Mannoni : « Un complexe d'infériorité lié à la couleur de la peau ne s'observe en effet
que chez les individus qui vivent en minorité dans un
milieu d'une autre couleur ; dans une collectivité assez
homogène comme la collectivité malgache, où les structures sociales sont encore assez solides, on ne rencontre
de complexe d'infériorité que dans des cas exceptionnels [15]. »

Encore une fois, nous demandons à l'auteur quelque
circonspection. Un Blanc aux colonies ne s'est jamais
senti inférieur en quoi que ce soit ; comme le dit si bien
M. Mannoni : « Il sera fait dieu ou dévoré. » Le coloni-

13. Francis Jeanson, *Cette Algérie conquise et pacifiée...* (*Esprit*, avril 1950,
p. 624).

14. Mannoni, *op. cit.,* p. 31.

15. *Ibid.,* p. 108.

sateur, bien qu' « en minorité », ne se sent pas infériorisé. Il y a en Martinique 200 Blancs qui s'estiment supérieurs à 300 000 éléments de couleur. En Afrique australe, il y a 2 000 000 de Blancs pour près de 13 000 000 d'indigènes, et il n'est venu à l'idée d'aucun indigène de se sentir supérieur à un minoritaire blanc.

Si les découvertes d'Adler et celles, non moins intéressantes, de Kuenkel expliquent certains comportements névrotiques, il ne faut pas en inférer des lois qui s'appliqueraient à des problèmes infiniment complexes. L'infériorisation est le corrélatif indigène de la supériorisation européenne. Ayons le courage de le dire : *c'est le raciste qui crée l'infériorisé.*

Par cette conclusion, nous rejoignons Sartre : « Le Juif est un homme que les autres hommes tiennent pour Juif : voilà la vérité simple d'où il faut partir... C'est l'antisémite qui *fait* le Juif[16]. »

Que deviennent les cas exceptionnels dont nous parle M. Mannoni ? Ce sont tout simplement ceux où l'évolué se découvre soudain rejeté par une civilisation qu'il a cependant assimilée. En sorte que la conclusion serait la suivante : dans la mesure où le véritable Malgache-type de l'auteur assume ses « conduites dépendantes », tout est pour le mieux ; toutefois, s'il oublie sa place, s'il se met en tête d'égaler l'Européen, alors le dit Européen se fâche et rejette l'impudent, — qui, à cette occasion et dans ce « cas exceptionnel », paye d'un complexe d'infériorité son refus de la dépendance.

Nous décelions précédemment, dans certaines allégations de M. Mannoni, un quiproquo pour le moins dangereux. En effet, il laisse au Malgache le choix entre l'infériorité et la dépendance. Hormis ces deux solutions, point de salut. « Quand il (le Malgache) réussit à établir de telles relations (de dépendance) dans la vie avec des supérieurs, son infériorité ne le gêne plus, tout va bien. Quand il ne réussit pas, quand sa position d'insécurité ne se régularise pas de cette manière, il éprouve un échec[17]. »

Le premier souci de M. Mannoni avait été de critiquer

16. Sartre, *op. cit.*, pp. 88-89.
17. Mannoni, *op. cit.*, p. 61.

les méthodes jusqu'ici employées par les différents ethno-
graphes qui se sont penchés sur les populations primi-
tives. Mais on voit le reproche qu'il nous faut adresser à
son ouvrage.

*Après avoir enfermé le Malgache dans ses coutumes,*
*après avoir réalisé une analyse unilatérale de sa vision du*
*monde, après avoir décrit le Malgache en cercle fermé,*
*après avoir dit que le Malgache entretient des relations*
*de dépendance avec les ancêtres, caractéristiques haute-*
*ment tribales, l'auteur, au mépris de toute objectivité,*
*applique ses conclusions à une compréhension bilatérale,*
*— ignorant volontairement que depuis Galliéni le Mal-*
*gache n'existe plus.*

Ce que nous demandions à M. Mannoni, c'était de nous
expliquer la situation coloniale. Il oublie singulièrement
de le faire. Rien ne se perd, rien ne se crée, nous sommes
d'accord. Parodiant Hegel, Georges Balandier, dans une
étude [18] qu'il a consacrée à Kardiner et Linton, écrit à
propos de la dynamique de la personnalité : « Le dernier
de ses états est le résultat de tous les états antécédents
et doit en contenir tous les principes. » Boutade, mais qui
demeure la règle de nombreux chercheurs. Les réactions,
les comportements qui sont nés de l'arrivée européenne
à Madagascar ne sont pas venus s'additionner aux préexis-
tants. Il n'y a pas eu augmentation du bloc psychique
antérieur. Si par exemple des Martiens se mettaient en
quête de coloniser les Terriens, non pas de les initier à la
culture martienne, mais littéralement de les *coloniser*,
nous douterions de la pérennité d'une quelconque personnalité. Kardiner redresse beaucoup de jugements en écrivant : « Enseigner le christianisme aux gens d'Alor, c'est
une entreprise à la Don Quichotte... (Ça) n'a aucun sens
tant que la personnalité reste construite avec des éléments
qui sont en complète désharmonie avec la doctrine chrétienne : c'est assurément commencer par le mauvais
bout [19] » ; et si les nègres sont imperméables à l'enseignement du Christ, ce n'est point parce qu'ils sont incapables
de l'assimiler. Comprendre quelque chose de nouveau nous

18. *Où l'ethnologie retrouve l'unité de l'homme* (*Esprit*, avril 1950).
19. Cité par Georges Balandier, *ibid.*, p. 610.

demande de nous disposer à, de nous préparer à, exige une nouvelle mise en forme. Il est utopique d'attendre du Nègre ou de l'Arabe qu'ils accomplissent l'effort d'insérer des valeurs abstraites dans leur *Weltanschauung* alors qu'ils mangent à peine à leur faim. Demander à un nègre du haut-Niger de se chausser, dire de lui qu'il est incapable de devenir un Schubert, n'est pas moins absurde que de s'étonner qu'un ouvrier de chez Berliet ne consacre pas ses soirées à l'étude du lyrisme dans la littérature hindoue ou de déclarer qu'il ne sera jamais un Einstein.

En effet, dans l'absolu, rien ne s'oppose à de pareilles choses. Rien, — sauf que les intéressés n'en ont pas la possibilité.

Mais ils ne se plaignent pas ! La preuve : « Au bout du petit matin, au-delà de mon père, de ma mère, la case gerçant d'ampoules, comme un péché tourmenté de la cloque et le toit aminci, rapiécé de morceaux de bidons de pétrole, et ça fait des marais de rouillure dans la pâte grise sordide empuantie de la paille, et quand le vent siffle, ces disparates font bizarre le bruit, comme un crépitement de friture d'abord, puis comme un tison que l'on plonge dans l'eau avec la fumée des brindilles qui s'envole. Et le lit de planches d'où s'est levée ma race, tout entière ma race de ce lit de planches, avec ses pattes de caisses de Kérosine, comme s'il avait l'éléphantiasis le lit, et sa peau de cabri, et ses feuilles de banane séchées, et ses haillons, une nostalgie de matelas le lit de ma grand-mère (au-dessus du lit dans un pot plein d'huile un lumignon dont la flamme danse comme un gros navet... sur le pot, en lettres d'or : MERCI) [20]. » Malheureusement, « cette attitude, ce comportement, cette vie trébuchée prise au lasso de la honte et du désastre, s'insurge, se conteste, conteste, aboie, et comme ma foi on lui demande :

« — Qu'y pouvez-vous ?

« — Commencer !

« — Commencer quoi ?

« — La seule chose au monde qui vaille la peine de commencer : la fin du monde, parbleu [21]. »

20. Aimé Césaire, *Cahier d'un retour*, p. 56.
21. *Ibid.*

Ce que M. Mannoni a oublié, c'est que le Malgache n'existe plus ; il a oublié que le Malgache *existe avec l'Européen.* Le Blanc arrivant à Madagascar a bouleversé les horizons et les mécanismes psychologiques. Tout le monde l'a dit, l'altérité pour le Noir, ce n'est pas le Noir, mais le Blanc. Une île comme Madagascar, envahie du jour au lendemain par les « pionniers de la civilisation », même si ces pionniers se comportèrent du mieux qu'ils purent, connut une destructuration. C'est d'ailleurs M. Mannoni qui le dit : « Au début de la colonisation, chaque tribu voulait avoir son Blanc [22]. » Que l'on explique cela par des mécanismes magico-totémiques, par un besoin de contact avec le Dieu terrible, par l'illustration d'un système de dépendance, il n'en demeure pas moins que du nouveau s'était produit dans cette île, et qu'on en devait tenir compte — sous peine de rendre l'analyse fausse, absurde, caduque. Un apport nouveau étant intervenu, il fallait tenter la compréhension des nouveaux rapports.

Le Blanc débarquant à Madagascar provoquait une blessure absolue. Les conséquences de cette irruption européenne à Madagascar ne sont pas seulement psychologiques, puisque, tout le monde l'a dit, il y a des rapports internes entre la conscience et le contexte social.

Les conséquences économiques ? mais c'est le procès de la colonisation qu'il faudrait faire !

Poursuivons notre étude.

« En termes abstraits, le Malgache peut supporter de ne pas être un homme blanc. Ce qui est cruel, c'est d'avoir découvert d'abord qu'on est un homme (par l'identification) et *ensuite* que cette unité se rompt en blancs et noirs. Si le Malgache « abandonné » ou « trahi » maintient son identification, elle devient alors revendicatrice ; et il exigera des *égalités* dont il n'éprouvait nullement le besoin. Ces égalités lui auraient été avantageuses avant qu'il ne les réclamât, mais ensuite elles sont un remède insuffisant à ses maux : car tout progrès dans les égalités possibles rendra encore plus insupportables les différences qui tout à coup apparaissent comme douloureusement ineffaçables. C'est de cette manière qu'il passe (le Mal-

22. Mannoni, *op. cit.*, p. 81.

gache) de la dépendance à l'infériorité psychologique [23]. »

Ici encore, nous retrouvons le même malentendu. Il est en effet évident que le Malgache peut parfaitement supporter de ne pas être un Blanc. Un Malgache est un Malgache ; ou plutôt non, un Malgache n'*est* pas un Malgache : il existe absolument sa « malgacherie ». S'il est Malgache, c'est parce que le Blanc arrive, et si, à un moment donné de son histoire, il a été amené à se poser la question de savoir s'il était un homme ou pas, c'est parce qu'on lui contestait cette réalité d'homme. Autrement dit, je commence à souffrir de ne pas être un Blanc dans la mesure où l'homme blanc m'impose une discrimination, fait de moi un colonisé, m'extorque toute valeur, toute originalité, me dit que je parasite le monde, qu'il faut que je me mette le plus rapidement possible au pas du monde blanc, « que je suis une bête brute, que mon peuple et moi sommes comme un fumier ambulant hideusement prometteur de canne tendre et de coton soyeux, que je n'ai rien à faire au monde [24] ». Alors j'essaierai tout simplement de me faire blanc, c'est-à-dire j'obligerai le Blanc à reconnaître mon humanité. Mais, nous dira M. Mannoni, vous ne pouvez pas, car il existe au profond de vous un complexe de dépendance.

« Tous les peuples ne sont pas aptes à être colonisés, seuls le sont ceux qui possèdent ce besoin. » Et, plus loin : « Presque partout où les Européens ont fondé des colonies du type qui est actuellement « en question », on peut dire qu'ils étaient attendus, et même désirés dans l'inconscient de leurs sujets. Des légendes, partout, les préfiguraient sous la forme d'étrangers venus de la mer et destinés à apporter des bienfaits [25]. » Comme on le voit, le Blanc obéit à un complexe d'autorité, à un complexe de chef, cependant que le Malgache obéit à un complexe de dépendance. Tout le monde est satisfait.

Quand il s'agit de comprendre pourquoi l'Européen, l'étranger, fut appelé *vazaha*, c'est-à-dire « honorable étranger » ; quand il s'agit de comprendre pourquoi les

23. Mannoni, *op. cit.*, p. 85.
24. Aimé Césaire, *Cahier d'un retour*.
25. Mannoni, *op. cit.*, pp. 87-88.

Européens naufragés furent accueillis à bras ouverts, pourquoi l'Européen, l'étranger, n'est jamais conçu comme ennemi ; au lieu de le faire en partant de l'humanité, de la bienveillance, de la politesse, traits fondamentaux de ce que Césaire appelle les « vieilles civilisations courtoises », on nous dit que c'est tout simplement parce qu'il y avait, inscrit dans les « hiéroglyphes fatidiques », — l'inconscient, en particulier, — quelque chose qui du Blanc faisait le maître attendu. L'inconscient, oui, nous y voilà. Mais il ne faut pas extrapoler. Quand un nègre me raconte le rêve suivant : « Je marche depuis longtemps, je suis très fatigué, j'ai l'impression que quelque chose m'attend, je franchis des barrières et des murs, j'arrive dans une salle vide, et derrière une porte j'entends du bruit, j'hésite avant d'entrer, enfin je me décide, j'entre, il y a dans cette deuxième chambre des Blancs, je constate que moi aussi je suis blanc », et quand j'essaie de comprendre ce rêve, de l'analyser, sachant que cet ami a des difficultés d'avancement, je conclus que ce rêve réalise un désir inconscient. Mais quand il s'agira pour moi, en dehors de mon laboratoire de psychanalyste, d'intégrer mes conclusions au contexte du monde, je dirai :

1º Mon patient souffre d'un complexe d'infériorité. Sa structure psychique risque de se dissoudre. Il s'agit de l'en préserver et, peu à peu, de le libérer de ce désir inconscient.

2º S'il se trouve à ce point submergé par le désir d'être blanc, c'est qu'il vit dans une société qui rend possible son complexe d'infériorité, dans une société qui tire sa consistance du maintien de ce complexe, dans une société qui affirme la supériorité d'une race ; c'est dans l'exacte mesure où cette société lui fait des difficultés, qu'il se trouve placé dans une situation névrotique.

Ce qui apparaît alors, c'est la nécessité d'une action couplée sur l'individu et sur le groupe. En tant que psychanalyste, je dois aider mon client à *conscienciser* son inconscient, à ne plus tenter une lactification hallucinatoire, mais bien à agir dans le sens d'un changement des structures sociales.

Autrement dit, le Noir ne doit plus se trouver placé devant ce dilemme : se blanchir ou disparaître, mais il doit pouvoir prendre conscience d'une possibilité d'exister ; autrement dit encore, si la société lui fait des difficultés à cause de sa couleur, si je constate dans ses rêves l'expression d'un désir inconscient de changer de couleur, mon but ne sera pas de l'en dissuader en lui conseillant de « garder ses distances » ; mon but, au contraire, sera, une fois les mobiles éclairés, de le mettre en mesure de *choisir* l'action (ou la passivité) à l'égard de la véritable source conflictuelle — c'est-à-dire à l'égard des structures sociales.

M. Mannoni, soucieux d'envisager le problème sous tous les angles, n'a pas manqué d'interroger l'inconscient du Malgache.

Il analyse pour cela sept rêves : sept récits qui nous livrent l'inconscient, et parmi lesquels on en trouve six qui manifestent une dominante de terreur. Des enfants et un adulte nous communiquent leurs songes, et nous les voyons tremblants, fuyants, malheureux.

« *Rêve du cuisinier :*

« Je suis poursuivi par un taureau *noir* [26] furieux. Plein de terreur, je monte dans un arbre, où je reste jusqu'à ce que le danger soit passé. Je redescends tout tremblant. »...

» *Rêve de Rahevi, garçon de treize ans :*

« En me promenant dans le bois, je rencontre deux hommes *noirs* [27]. Ah ! dis-je, je suis perdu ! Je vais (veux) m'enfuir, mais c'est impossible. Ils m'encerclent et bredouillent à leur façon. Je crois qu'ils disent : « Tu vas voir ce que c'est que la mort. » Je tremble de peur et leur dit : « Laissez-moi, messieurs, j'ai tellement peur ! » Un de ces hommes connaît le français, mais malgré tout ils me disent : « Viens à notre chef. » En s'acheminant, ils me font marcher devant eux et me font voir leurs fusils. Ma peur [se] redouble, mais avant d'arriver à leur camp, on doit traverser un cours d'eau. Je (me) plonge au fond

26. Souligné par nous.
27. Souligné par nous.

de l'eau. Grâce à mon sang-froid, je gagne une grotte de
pierre et me cache dedans. Lorsque les deux hommes
s'en vont, je m'enfuis et retrouve la maison de mes
parents »...

» *Rêve de Josette :*

Le sujet (une jeune fille) s'est perdu et s'assied sur un
tronc d'arbre couché. Une femme vêtue d'une robe blanche
lui apprend qu'elle est au milieu des brigands. Le récit
continue ainsi : « Je suis écolière, répondis-je en tremblant, et lorsque je revenais de l'école, je me suis perdue
ici. » Elle me dit : « Suis ce chemin, et vous arriverez
chez vous »...

» *Rêve de Razafi, garçon de treize à quatorze ans :*

Il est poursuivi par des tirailleurs (sénégalais) qui en
courant « font un bruit de cheval au galop », « ils montrent leurs fusils devant eux. » Le sujet échappe en deve-
nant invisible. Il monte un escalier et trouve la porte de
la maison...

» *Rêve d'Elphine, fille de treize à quatorze ans :*

« Je rêve d'un bœuf *noir* [28] qui me poursuit avec force.
Le bœuf est vigoureux. Sa tête, presque tachetée de blanc
(*sic*), porte ses deux longues cornes bien pointues. Ah !
quel malheur ! me dis-je. Le sentier se rétrécit, que puis-
je faire ? Je me penche sur un manguier. Hélas ! je suis
tombée par les buissons. Alors il [s']appuie les cornes
contre moi. Mon intestin sort et il le mange... »...

» *Rêve de Raza :*

Dans son rêve, le sujet entend dire à l'école que les
Sénégalais viennent. « Je suis sorti de la cour de l'école
pour voir. » Les Sénégalais viennent, en effet. Il s'enfuit,
prend le chemin de la maison. « Mais notre maison est
aussi dispersée par eux... »...

28. Souligné par nous.

» *Rêve de Si, garçon de quatorze ans :*

« Je me promenais dans le jardin, je sentais quelque chose qui forme une ombre derrière moi. Les feuilles choquaient tout autour de moi, en tombant comme (si) il y avait un brigand qui voulait me prendre. Quand je marchais dans toutes les allées, l'ombre me suivait encore. Alors la peur me prit et je me mettais en fuite, mais l'ombre faisait de grandes enjambées [qu'] il tendait sa grosse main pour me prendre [avec] (par) mes habits. Je sentais ma chemise déchirée et je criais. En entendant ce cri, mon père sursautait du lit et me regardait, mais le grand *ombre* disparaissait et je ne sentais plus ma grande peur [29]. »

Il y a de cela une dizaine d'années, nous fûmes étonné de constater que les Nord-Africains détestaient les hommes de couleur. Il nous était vraiment impossible d'entrer en contact avec les indigènes. Nous avons laissé l'Afrique à destination de la France, sans avoir compris la raison de cette animosité. Cependant, quelques faits nous avaient amené à réfléchir. Le Français n'aime pas le Juif qui n'aime pas l'Arabe, qui n'aime pas le nègre... A l'Arabe, on dit : « Si vous êtes pauvres, c'est parce que le Juif vous a roulés, vous a tout pris » ; au Juif, on dit : « Vous n'êtes pas sur le même pied que les Arabes parce qu'en fait vous êtes blancs et que vous avez Bergson et Einstein » ; au nègre, on dit : « Vous êtes les meilleurs soldats de l'Empire français, les Arabes se croient supérieurs à vous, mais ils se trompent. » D'ailleurs, ce n'est pas vrai, on ne dit rien au nègre, on n'a rien à lui dire, le tirailleur sénégalais est un tirailleur, le bon-tirailleur-à-son-capitaine, le brave qui ne-connaît-que-la-consigne.

— Toi pas passer.
— Pourquoi ?
— Moi y en a pas savoir. Toi pas passer.

Le Blanc, incapable de faire face à toutes les revendications, se décharge des responsabilités. Moi j'appelle ce processus : la répartition raciale de la culpabilité.

29. Mannoni, *op. cit.*, ch. i (*Les rêves*, pp. 55 à 59).

Nous avons dit que quelques faits nous avaient surpris. Chaque fois qu'il y avait un mouvement insurrec-
tionnel, l'autorité militaire ne mettait en ligne que des
soldats de couleur. Ce sont des « peuples de couleur »
qui réduisaient à néant les tentatives de libération d'autres
« peuples de couleur », preuve qu'il n'y avait pas lieu
d'universaliser le processus : si les Arabes, ces feignants,
se mettaient en tête de se révolter ce n'était pas au nom
de principes avouables, mais tout simplement dans le but
de défouler leur inconscient de « bicots ».

Au point de vue africain, disait un étudiant de couleur
au vingt-cinquième congrès des Etudiants catholiques, au
cours du débat sur Madagascar, « je m'élève contre l'envoi
de tirailleurs sénégalais et l'abus qu'on en fait là-bas. »
Nous savons par ailleurs que l'un des tortionnaires du
bureau de police de Tananarive était un Sénégalais. Aussi,
sachant tout cela, sachant ce que peut être pour un Malgache l'archétype sénégalais, les découvertes de Freud ne
nous sont d'aucune utilité. Il s'agit de replacer ce rêve
*en son temps,* et ce temps c'est la période pendant laquelle
quatre-vingt mille indigènes ont été tués, c'est-à-dire un
habitant sur cinquante ; et *dans son lieu,* et ce lieu c'est
une île de quatre millions d'habitants, au sein de laquelle
aucune véritable relation ne peut s'instaurer, où les dis-
sensions éclatent de tous côtés, où le mensonge et la
démagogie sont les seuls maîtres [30]. Faut-il le dire, à cer-

---

30. Nous relevons ces dépositions faites au procès de Tananarive.
Audience du 9 août. Rakotovao déclare :
« M. Baron me dit : « Puisque tu n'as pas voulu accepter ce que je viens
de dire, je vais te faire passer à la salle des réflexions (...) » Je passai dans la
pièce attenante. La salle des réflexions en question était déjà remplie d'eau
et, de plus, il y avait aussi un bidon rempli d'eau sale, pour ne pas dire
plus. M. Baron me dit : « Voilà le moyen qui t'apprendra à accepter ce que
je viens de te dire de déclarer. » Un Sénégalais reçut de M. Baron l'ordre
de me « faire passer comme les autres ». Il me fit mettre à genoux, les
poignets écartés, puis il prit une tenaille en bois et pressa mes deux mains,
puis, à genoux et mes deux mains pressées, il a mis ses pieds sur ma nuque
et m'a plongé la tête dans le bidon. Voyant que j'allais m'évanouir, il a
relevé son pied pour me laisser reprendre de l'air. Et ceci s'est répété jusqu'à
ce que je sois complètement exténué. Il a alors dit : « Emmenez-le et donnez-
lui des coups. » Le Sénégalais s'est donc servi du nerf de bœuf, mais
M. Baron est entré dans la salle de torture et il a participé personnellement
à la flagellation. Cela a duré, je crois, quinze minutes, au bout desquelles

tains moments le socius est plus important que l'homme. Je pense à P. Naville écrivant : « Parler des rêves de la société comme des rêves de l'individu, des volontés de puissance collectives comme de l'instinct sexuel personnel,

---

j'ai déclaré que je ne pouvais plus supporter, car, malgré ma jeunesse c'était insupportable. Alors il a dit : « Il faut donc admettre ce que je viens de te dire ! »

« Non, monsieur le directeur, ce n'est pas vrai. »

« A ce moment-là, il m'a fait passer dans la chambre de torture, a appelé un autre Sénégalais, puisqu'un seul ne suffisait pas, et il donné l'ordre de me prendre les pieds en l'air et de jeter mon corps dans le bidon jusqu'à la poitrine. Et ils recommencèrent ainsi plusieurs fois. A la fin j'ai dit : « C'est trop même ! laissez-moi m'adresser à M. Baron », et j'ai dit à celui-ci : « Je demande au moins des traitements dignes de la France, monsieur le directeur », et il me répondit : « Voici les traitements de la France ! »

« N'en pouvant plus je lui dis : « J'accepte donc la première partie de votre déclaration. » M. Baron me répondit : « Non, je ne veux pas la première partie, mais tout. — Je mentirai donc ? — Mensonge ou non mensonge il faut que tu acceptes ce que je te dis... »

La déposition continue :

« Immédiatement M. Baron dit : « Faites-lui subir un autre genre de torture. » A ce moment on m'amène dans la salle attenante, où il y avait un petit escalier en ciment. Mes deux bras liés derrière, les deux Sénégalais ont tiré en l'air mes deux pieds et me firent monter et descendre de telle façon le petit escalier. Cela commençait à devenir insupportable et, même si j'avais eu assez de force, c'était intenable. J'ai dit aux Sénégalais : « Dites donc à votre chef que j'accepte ce qu'il va me faire dire. »

Audience du 11 août. L'accusé Robert raconte :

« Le gendarme me prit par le col de ma veste et me donna des coups de pied par derrière et des coups de poing dans la figure. Puis il me fit mettre à genoux, et M. Baron recommença à me frapper.

« Sans savoir comment, il est passé par derrière moi et je sentis des pointes de feu appliquées à ma nuque. En essayant de me protéger par mes mains celles-ci ont eu aussi des brûlures...

« Une troisième fois à terre j'ai perdu connaissance et je ne me rappelle plus ce qui s'est passé. M. Baron m'a dit de signer un papier tout préparé ; d'un signe j'ai dit : « Non » ; alors le directeur rappela le Sénégalais et ce dernier me conduisit en me soutenant dans une autre salle de torture : « Il faut accepter sans quoi tu seras mort, dit le Sénégalais. — Tant pis pour lui, il faut commencer l'opération, Jean », disait le directeur. On m'a lié les deux bras derrière, on me fit mettre à genoux et on me plongea la tête dans un bidon plein d'eau. Juste au moment où j'allais être asphyxié on me retirait. Et on a ainsi recommencé plusieurs fois jusqu'à mon épuisement complet... »

Rappelons, afin que nul n'en ignore, que le témoin Rakotovao fut condamné à mort.

Alors, quand on lit de telles choses, il semble bien que M. Mannoni ait laissé échapper une dimension des phénomènes qu'il analyse : le taureau noir, les hommes noirs, ce ne sont ni plus ni moins que les Sénégalais du bureau de la Sûreté.

c'est retourner encore une fois l'ordre naturel des choses, puisque, au contraire, ce sont les conditions économiques et sociales des luttes de classes qui expliquent et déterminent les conditions réelles dans lesquelles s'exprime la sexualité individuelle, et que le contenu des rêves d'un être humain dépend aussi, en fin de compte, des conditions générales de la civilisation dans laquelle il vit[31]. »

Le taureau noir furieux, ce n'est pas le phallus. Les deux hommes noirs, ce ne sont pas les deux pères — l'un représentant le père réel, l'autre l'ancêtre. Voici ce qu'une analyse poussée aurait pu donner, sur la base même des conclusions de M. Mannoni au paragraphe précédent, « Le culte des morts et la famille ».

Le fusil du tirailleur sénégalais n'est pas un pénis, mais véritablement un fusil Lebel 1916. Le bœuf noir et le brigand, ce ne sont pas les *lolos*, « âmes substantielles », mais véritablement l'irruption, pendant le sommeil, de phantasmes réels. Que représente cette stéréotypie, sinon le thème central des rêves, sinon une remise dans le droit chemin ? Tantôt ce sont des tirailleurs *noirs*, tantôt ce sont des taureaux *noirs* tachetés de blanc à la tête, tantôt c'est carrément une Blanche, fort gentille. Que retrouvons-nous dans tous ces rêves, sinon cette idée centrale : « S'écarter de la routine, c'est se promener dans les bois ; on y rencontre le taureau qui vous ramène dare-dare à la maison[32]. »

Malgaches, restez tranquilles, demeurez à votre place.

Après avoir décrit la psychologie malgache, M. Mannoni se propose d'expliquer la raison d'être du colonialisme. Ce faisant, il ajoute un nouveau complexe à la liste pré-existante : le « complexe de Prospéro », — défini comme l'ensemble des dispositions névrotiques inconscientes qui dessinent tout à la fois « la figure du paternalisme colonial » et « le portrait du raciste dont la fille a été l'objet d'une tentative de viol (imaginaire) de la part d'un être inférieur[33] ».

31. Pierre Naville, *Psychologie, Marxisme, Matérialisme*, 2ᵉ édit., Marcel Rivière et Cⁱᵉ, éd., p. 151.
32. Mannoni, *op. cit.*, p. 71.
33. *Ibid.*, p. 108.

Prospéro est, comme on le voit, le personnage principal de la pièce de Shakespeare, *La Tempête*. En face, se trouvent Miranda, sa fille, et Caliban. Vis-à-vis de Caliban, Prospéro adopte une attitude que les Américains du Sud connaissent bien. Ne disent-ils pas que les nègres attendent l'occasion de se jeter sur les femmes blanches ? Ce qu'il y a d'intéressant, en tout cas, dans cette partie de l'ouvrage, c'est l'intensité avec laquelle M. Mannoni nous fait saisir les conflits mal liquidés qui semblent être à la base de la vocation coloniale. En effet, nous dit-il, « ce qui manque au colonial comme à Prospéro, ce dont il est déchu, c'est le monde des Autres, où les autres se font respecter. Ce monde, le colonial-type l'a quitté, chassé par la difficulté d'admettre les hommes tels qu'ils sont. Cette fuite est liée à un besoin de domination d'origine infantile, que l'adaptation au social n'a pas réussi à discipliner. Peu importe que le colonial ait cédé au « seul souci de voyager », au désir de fuir « l'horreur de son berceau » ou les « anciens parapets », ou qu'il désire, plus grossièrement, une « vie plus large »... Il s'agit toujours d'un compromis avec la tentation d'un monde sans hommes [34] ».

Si l'on ajoute que beaucoup d'Européens vont aux colonies parce que là-bas il leur devient possible de s'enrichir en peu de temps, que, sauf de rares exceptions, le colonialiste est un commerçant ou plutôt un trafiquant, on aura saisi la psychologie de l'homme qui provoque chez l'autochtone « le sentiment d'infériorité ». Quant au « complexe de dépendance » malgache, du moins sous la seule forme où il nous soit accessible et analysable, il procède, lui aussi, de l'arrivée dans l'île des colonisateurs blancs. De son autre forme, de ce complexe originel, à l'état pur, qui aurait caractérisé la mentalité malgache durant toute la période antérieure, M. Mannoni ne nous paraît nullement fondé à tirer la moindre conclusion concernant la situation, les problèmes ou les possibilités des autochtones dans la période actuelle.

34. Mannoni, *op. cit.*, p. 106.

# 5

# L'expérience vécue du Noir

« Sale nègre ! » ou simplement : « Tiens, un nègre ! »
J'arrivais dans le monde, soucieux de faire lever un sens
aux choses, mon âme pleine du désir d'être à l'origine du
monde, et voici que je me découvrais objet au milieu
d'autres objets.

Enfermé dans cette objectivité écrasante, j'implorai
autrui. Son regard libérateur, glissant sur mon corps
devenu soudain nul d'aspérités, me rend une légèreté que
je croyais perdue et, m'absentant du monde, me rend au
monde. Mais là-bas, juste à contre-pente, je bute, et l'autre,
par gestes, attitudes, regards, me fixe, dans le sens où l'on
fixe une préparation par un colorant. Je m'emportai, exigeai une explication... Rien n'y fit. J'explosai. Voici les
menus morceaux par un autre moi réunis.

Tant que le Noir sera chez lui, il n'aura pas, sauf à
l'occasion de petites luttes intestines, à éprouver son être
pour autrui. Il y a bien le moment de « l'être pour
l'autre », dont parle Hegel, mais toute ontologie est rendue irréalisable dans une société colonisée et civilisée.
Il semble que cela n'ait pas suffisamment retenu l'attention de ceux qui ont écrit sur la question. Il y a, dans la
*Weltanschauung* d'un peuple colonisé, une impureté, une
tare qui interdit toute explication ontologique. Peut-être
nous objectera-t-on qu'il en est ainsi de tout individu,
mais c'est se masquer un problème fondamental. L'ontologie, quand on a admis une fois pour toutes qu'elle laisse
de côté l'existence, ne nous permet pas de comprendre
l'être du Noir. Car le Noir n'a plus à être noir, mais à
l'être en face du Blanc. Certains se mettront en tête de
nous rappeler que la situation est à double sens. Nous

répondons que c'est faux. Le Noir n'a pas de résistance ontologique aux yeux du Blanc. Les nègres, du jour au lendemain, ont eu deux systèmes de référence par rapport auxquels il leur a fallu se situer. Leur métaphysique, ou moins prétentieusement leurs coutumes et les instances auxquelles elles renvoyaient, étaient abolies parce qu'elles se trouvaient en contradiction avec une civilisation qu'ils ignoraient et qui leur en imposait.

Le Noir chez lui, au xxᵉ siècle, ignore le moment où son infériorité passe par l'autre... Sans nul doute, il nous est arrivé de discuter du problème noir avec des amis, ou plus rarement avec des Noirs américains. Ensemble nous protestions et affirmions l'égalité des hommes devant le monde. Il y avait aussi aux Antilles ce petit hiatus qui existe entre la békaille, la mulâtraille et la négraille. Mais nous nous contentions d'une compréhension intellectuelle de ces divergences. En fait, ça n'était pas dramatique. Et puis...

Et puis il nous fut donné d'affronter le regard blanc. Une lourdeur inaccoutumée nous oppressa. Le véritable monde nous disputait notre part. Dans le monde blanc, l'homme de couleur rencontre des difficultés dans l'élaboration de son schéma corporel. La connaissance du corps est une activité uniquement négatrice. C'est une connaissance en troisième personne. Tout autour du corps règne une atmosphère d'incertitude certaine. Je sais que si je veux fumer, il me faudra étendre le bras droit et saisir le paquet de cigarettes qui se trouve à l'autre bout de la table. Les allumettes, elles, sont dans le tiroir de gauche, il faudra que je me recule légèrement. Et tous ces gestes, je les fais non par habitude, mais par une connaissance implicite. Lente construction de mon moi en tant que corps au sein d'un monde spatial et temporel, tel semble être le schéma. Il ne s'impose pas à moi, c'est plutôt une structuration définitive du moi et du monde — définitive, car il s'installe entre mon corps et le monde une dialectique effective.

Depuis quelques années, des laboratoires ont projeté de découvrir un sérum de dénégrification ; des laboratoires, le plus sérieusement du monde, ont rincé leurs éprouvettes, réglé leurs balances et entamé des recherches qui permettront aux malheureux nègres de se blanchir, et ainsi de ne plus supporter le poids de cette malédiction corporelle. J'avais créé au-dessous du schéma corporel un schéma historico-racial. Les éléments que j'avais utilisés ne m'avaient pas été fournis par « des résidus de sensations et perceptions d'ordre surtout tactile, vestibulaire, cinesthésique et visuel[1] », mais par l'autre, le Blanc, qui m'avait tissé de mille détails, anecdotes, récits. Je croyais avoir à construire un moi physiologique, à équilibrer l'espace, à localiser des sensations, et voici que l'on me réclamait un supplément.

« Tiens, un nègre ! » C'était un stimulus extérieur qui me chiquenaudait en passant. J'esquissai un sourire.

« Tiens, un nègre ! » C'était vrai. Je m'amusai.

« Tiens, un nègre ! » Le cercle peu à peu se resserrait. Je m'amusai ouvertement.

« Maman, regarde le nègre, j'ai peur ! » Peur ! Peur ! Voilà qu'on se mettait à me craindre. Je voulus m'amuser jusqu'à m'étouffer, mais cela m'était devenu impossible.

Je ne pouvais plus, car je savais déjà qu'existaient des légendes, des histoires, l'histoire, et surtout l'*historicité*, que m'avait enseignée Jaspers. Alors le schéma corporel, attaqué en plusieurs points, s'écroula, cédant la place à un schéma épidermique racial. Dans le train, il ne s'agissait plus d'une connaissance de mon corps en troisième personne, mais en triple personne. Dans le train, au lieu d'une, on me laissait deux, trois places. Déjà je ne m'amusais plus. Je ne découvrais point de coordonnées fébriles du monde. J'existais en triple : j'occupais de la place. J'allais à l'autre... et l'autre évanescent, hostile mais non opaque, transparent, absent, disparaissait. La nausée...

J'étais tout à la fois responsable de mon corps, responsable de ma race, de mes ancêtres. Je promenai sur moi un regard objectif, découvris ma noirceur, mes caractères ethniques, — et me défoncèrent le tympan l'anthropophagie, l'arriération mentale, le fétichisme, les tares raciales, les négriers, et surtout, et surtout : « Y a bon banania. »

----

1. Jean Lhermitte, *L'Image de notre corps*, Ed. de la Nouvelle Revue critique, p. 17.

Ce jour-là, désorienté, incapable d'être dehors avec l'autre, le Blanc, qui, impitoyable, m'emprisonnait, je me portai loin de mon être-là, très loin, me constituant objet. Qu'était-ce pour moi, sinon un décollement, un arrachement, une hémorragie qui caillait du sang noir sur tout mon corps ? Pourtant, je ne voulais pas cette reconsidération, cette thématisation. Je voulais tout simplement être un homme parmi d'autres hommes. J'aurais voulu arriver lisse et jeune dans un monde nôtre et ensemble édifier.

Mais je refusai toute tétanisation affective. Je voulais être homme, rien qu'homme. D'aucuns me reliaient aux ancêtres miens, esclavagisés, lynchés : je décidai d'assumer. C'est à travers le plan universel de l'intellect que je comprenais cette parenté interne, — j'étais petit-fils d'esclaves au même titre que le président Lebrun l'était de paysans corvéables et taillables. Au fond, l'alerte se dissipait assez rapidement.

En Amérique, des nègres sont mis à part. En Amérique du Sud, on fouette dans les rues et l'on mitraille les grévistes nègres. En Afrique occidentale, le nègre est une bête. Et là, tout près de moi, juste à côté, ce camarade de Faculté, originaire d'Algérie, qui me dit : « Tant qu'on fera de l'Arabe un homme comme nous, aucune solution ne sera viable. »

— Vois-tu, mon cher, le préjugé de couleur, je ne connais pas cela... Mais comment donc, entrez, monsieur, chez nous le préjugé de couleur n'existe pas... Parfaitement, le nègre est un homme comme nous... Ce n'est pas parce qu'il est noir qu'il est moins intelligent que nous... J'ai eu un camarade sénégalais au régiment, il était très fin...

Où me situer ? Ou, si vous préférez : où me fourrer ?

— Martiniquais, originaire de « nos » vieilles colonies.

Où me cacher ?

— Regarde le nègre !... Maman, un nègre !... Chut ! Il va se fâcher... Ne faites pas attention, monsieur, il ne sait pas que vous êtes aussi civilisé que nous...

Mon corps me revenait étalé, disjoint, rétamé, tout endeuillé dans ce jour blanc d'hiver. Le nègre est une bête, le nègre est mauvais, le nègre est méchant, le nègre

est laid ; tiens, un nègre, il fait froid, le nègre tremble,
le nègre tremble parce qu'il a froid, le petit garçon
tremble parce qu'il a peur du nègre, le nègre tremble de
froid, ce froid qui vous tord les os, le beau petit garçon
tremble parce qu'il croit que le nègre tremble de rage,
le petit garçon blanc se jette dans les bras de sa mère :
maman, le nègre va me manger.

Alentour le Blanc, en haut le ciel s'arrache le nombril,
la terre crisse sous mes pieds et un chant blanc, blanc.
Toute cette blancheur qui me calcine...

Je m'assieds au coin du feu, et je découvre ma livrée.
Je ne l'avais pas vue. Elle est effectivement laide. Je m'arrête, car qui me dira ce qu'est la beauté ?

Où me fourrer désormais ? Je sentais monter des innombrables dispersions de mon être un afflux aisément reconnaissable. J'allais me mettre en colère. Depuis longtemps
le feu était mort, et de nouveau le nègre tremblait.

— Regarde, il est beau, ce nègre...

— Le beau nègre vous emmerde, madame !

La honte lui orna le visage. Enfin j'étais libéré de ma
rumination. Du même coup, je réalisais deux choses :
j'identifiais mes ennemis et je créais du scandale. Comblé.
On allait pouvoir s'amuser.

Le champ de bataille délimité, j'entrai en lice.

Comment ? Alors que j'oubliais, pardonnais et ne dési-
rais qu'aimer, on me renvoyait comme une gifle, en plein
visage, mon message. Le monde blanc, seul honnête, me
refusait toute participation. D'un homme on exigeait une
conduite d'homme. De moi, une conduite d'homme noir —
ou du moins une conduite de nègre. Je hélais le monde
et le monde m'amputait de mon enthousiasme. On me
demandait de me confiner, de me rétrécir.

Ils allaient voir ! Je les avais pourtant mis en garde.
L'esclavage ? On n'en parlait plus, un mauvais souvenir.
Ma prétendue infériorité ? Une galéjade dont il valait
mieux rire. J'oubliais tout, mais à condition que le monde
ne me dérobât plus son flanc. J'avais à essayer mes inci-
sives. Je les sentais robustes. Et puis...

Comment ? Alors que moi j'avais toutes les raisons de
haïr, détester, on me rejetait ? Alors que j'aurais dû être
supplié, sollicité, on me refusait toute reconnaissance ?

Je décidai, puisqu'il m'était impossible de partir d'un *complexe inné*, de m'affirmer en tant que NOIR. Puisque l'autre hésitait à me reconnaître, il ne restait qu'une solution : me faire connaître.

Jean-Paul Sartre, dans *Réflexions sur la question juive*, écrit : « Ils (les Juifs) se sont laissé empoisonner par une certaine représentation que les autres ont d'eux et ils vivent dans la crainte que leurs actes ne s'y conforment, ainsi pourrions-nous dire que leurs conduites sont perpétuellement sur-déterminées de l'intérieur » (p. 123).

Toutefois, le Juif peut être ignoré dans sa juiverie. Il n'est pas intégralement ce qu'il est. On espère, on attend. Ses actes, son comportement décident en dernier ressort. C'est un Blanc, et, hormis quelques traits assez discutables, il lui arrive de passer inaperçu. Il appartient à la race de ceux qui de tout temps ont ignoré l'anthropophagie. Quelle idée aussi de dévorer son père ! C'est bien fait, on n'a qu'à ne pas être nègre. Bien entendu, les Juifs sont brimés, que dis-je, ils sont pourchassés, exterminés, enfournés, mais ce sont là petites histoires familiales. Le Juif n'est pas aimé à partir du moment où il est dépisté. Mais avec moi tout prend un visage *nouveau*. Aucune chance ne m'est permise. Je suis sur-déterminé de l'extérieur. Je ne suis pas l'esclave de « l'idée » que les autres ont de moi, mais de mon apparaître.

J'arrive lentement dans le monde, habitué à ne plus prétendre au surgissement. Je m'achemine par reptation. Déjà les regards blancs, les seuls vrais, me dissèquent. Je suis *fixé*. Ayant accommodé leur microtome, ils réalisent objectivement des coupes de ma réalité. Je suis trahi. Je sens, je vois dans ces regards blancs que ce n'est pas un nouvel homme qui entre, mais un nouveau type d'homme, un nouveau genre. Un nègre, quoi !

Je me glisse dans les coins, rencontrant de mes longues antennes les axiomes épars à la surface des choses. — le linge du nègre sent le nègre — les dents du nègre sont blanches — les pieds du nègre sont grands — la large poitrine du nègre, — je me glisse dans les coins, je demeure silencieux, j'aspire à l'anonymat, à l'oubli. Tenez, j'accepte tout, mais que l'on ne m'aperçoive plus !

— Tiens, viens que je te présente à mon camarade

noir... Aimé Césaire, homme noir, agrégé de l'Université...
Marian Anderson, la plus grande chanteuse noire... Le
D<sup>r</sup> Cobb, l'inventeur du sang blanc, est un nègre... Tiens,
dis bonjour à mon ami Martiniquais (fais attention, il est
très susceptible)...

La honte. La honte et le mépris de moi-même. La nausée. Quand on m'aime, on me dit que c'est malgré ma
couleur. Quand on me déteste, on ajoute que ce n'est pas
à cause de ma couleur... Ici ou là, je suis prisonnier du
cercle infernal.

Je me détourne de ces scrutateurs de l'avant-déluge et
je m'agrippe à mes frères, nègres comme moi. Horreur,
ils me rejettent. Eux sont presque blancs. Et puis ils vont
épouser une Blanche. Ils auront des enfants légèrement
bruns... Qui sait, petit à petit, peut-être...

J'avais rêvé.

— Voyez-vous, monsieur, je suis l'un des plus négro-
philes de Lyon.

L'évidence était là, implacable. Ma noirceur était là,
dense et indiscutable. Et elle me tourmentait, elle me
pourchassait, m'inquiétait, m'exaspérait.

Les nègres sont des sauvages, des abrutis, des analpha-
bètes. Mais moi, je savais que dans mon cas ces propositions étaient fausses. Il y avait un mythe du nègre qu'il
fallait démolir coûte que coûte. On n'était plus au temps
où l'on s'émerveillait devant un nègre curé. Nous avions
des médecins, des professeurs, des hommes d'Etat... Oui,
mais dans ces cas persistait quelque chose d'insolite.
« Nous avons un professeur d'histoire sénégalais. Il est très
intelligent... Notre médecin est un Noir. Il est très doux. »

C'était le professeur nègre, le médecin nègre ; moi qui
commençais à me fragiliser, je frémissais à la moindre
alarme. Je savais, par exemple, que si le médecin com-
mettait une erreur, c'en était fini de lui et de tous ceux
qui le suivaient. Qu'attendre, en effet, d'un médecin
nègre ? Tant que tout allait bien, on le portait aux nues,
mais gare, pas de bêtises, à aucun prix ! Le médecin noir
ne saura jamais à quel point sa position avoisine le dis-
crédit. Je vous le dis, j'étais emmuré : ni mes attitudes
policées, ni mes connaissances littéraires, ni ma compréhension de la théorie des quanta ne trouvaient grâce.

Je réclamai, j'exigeai des explications. Doucement, comme on parle à un enfant, on me révéla l'existence d'une certaine opinion qu'adoptaient certaines personnes, mais, ajoutait-on, « il fallait en espérer la rapide disparition ». Qu'était-ce ? Le préjugé de couleur.

« Le préjugé de couleur n'est rien d'autre qu'une haine irraisonnée d'une race pour une autre, le mépris des peuples forts et riches pour ceux qu'ils considèrent comme inférieurs à eux-mêmes, puis l'amer ressentiment de ceux contraints à la sujétion et auxquels il est souvent fait injure. Comme la couleur est le signe extérieur le mieux visible de la race, elle est devenue le critère sous l'angle duquel on juge les hommes sans tenir compte de leurs acquis éducatifs et sociaux. Les races à peau claire en sont venues à mépriser les races à peau sombre, et celles-ci se refusent à consentir plus longtemps à la condition effacée qu'on entend leur imposer [2]. »

J'avais bien lu. C'était de la haine ; j'étais haï, détesté, méprisé, non pas par le voisin d'en face ou le cousin maternel, mais par toute une race. J'étais en butte à quelque chose d'irraisonné. Les psychanalystes disent que pour le jeune enfant il n'y a rien de plus traumatisant que le contact du rationnel. Je dirai personnellement que, pour un homme qui n'a comme arme que la raison, il n'y a rien de plus névrotique que le contact de l'irrationnel.

Je sentis naître en moi des lames de couteau. Je pris la décision de me défendre. En bon tacticien, je voulus rationaliser le monde, montrer au Blanc qu'il était dans l'erreur.

Chez le Juif, dit Jean-Paul Sartre, il y a « une sorte d'impérialisme passionné de la raison : car il ne veut pas seulement convaincre qu'il est dans le vrai, son but est de persuader ses interlocuteurs qu'il y a une valeur absolue et inconditionnée du rationalisme. Il se considère comme un missionnaire de l'universel ; en face de l'universalité de la religion catholique, dont il est exclu, il veut établir la « catholicité » du rationnel, instrument pour atteindre le vrai et lien spirituel entre les hommes [3] ».

2. Sir Alan Burns, *Le préjugé de race et de couleur*, Payot, p. 14.
3. *Réflexions sur la question juive*, pp. 146-147.

Et, ajoute l'auteur, s'il s'est trouvé des Juifs pour faire
de l'intuition la catégorie fondamentale de leur philosophie, leur intuition « ne ressemble en rien à l'esprit de
finesse pascalien : et c'est cet esprit de finesse, incontes-
table et mouvant, fondé sur mille perceptions impercep-
tibles, qui paraît au Juif son pire ennemi. Quant à Bergson, sa philosophie offre l'aspect curieux d'une doctrine
anti-intellectualiste entièrement bâtie par l'intelligence la
plus raisonneuse et la plus critique. C'est en argumentant
qu'il établit l'existence d'une durée pure, d'une intuition
philosophique ; et cette intuition même qui découvre la
durée ou la vie, elle est universelle en ce que chacun peut
la pratiquer et elle porte sur l'universel puisque ses objets
peuvent être nommés et conçus [4] ».

Avec ardeur, je me mis à inventorier, à sonder l'entourage. Au gré des temps, on avait vu la religion catholique
justifier puis condamner l'esclavage et les discriminations.
Mais en ramenant le tout à la notion de dignité humaine,
on éventrait le préjugé. Les scientifiques, après beaucoup
de réticences, avaient admis que le nègre était un être
humain ; *in vivo* et *in vitro* le nègre s'était révélé analogue
au Blanc ; même morphologie, même histologie. La raison
s'assurait la victoire sur tous les plans. Je réintégrai les
assemblées. Mais je dus déchanter.

La victoire jouait au chat et à la souris ; elle me nar-
guait. Comme disait l'autre, quand je suis là, elle n'y est
pas, quand elle est là je n'y suis plus. Sur le plan de l'idée,
on était d'accord : le nègre est un être humain. C'est-à-
dire, ajoutaient les moins convaincus, qu'il a comme nous
le cœur à gauche. Mais le Blanc, sur certaines questions,
demeurait intraitable. A aucun prix, il ne voulait d'intimité
entre les races, car, on le sait, « les croisements entre
races différentes abaissent le niveau physique et mental...
Jusqu'à ce que nous ayons une connaissance mieux fondée
des effets du croisement des races, nous ferions mieux
d'éviter les croisements entre races très éloignées [5] ».

Quant à moi, je saurais bien comment réagir. Et en un

4. Sartre, *Réflexions sur la question juive*, pp. 149-150.
5. J.-A. Moein, II° Congrès international d'eugénisme, cité par sir Alan
Burns.

sens, si j'avais à me définir, je dirais que j'attends ; j'interroge les alentours, j'interprète tout à partir de mes découvertes, je suis devenu sensitif.

Au début de l'histoire que les autres m'ont faite, on avait placé bien en évidence le socle de l'anthropophagie, pour que je m'en souvienne. On décrivait sur mes chromosomes quelques gènes plus ou moins épais représentant le cannibalisme. A côté des *sex linked*, on découvrait des *racial linked*. Une honte, cette science !

Mais je comprends ce « mécanisme psychologique ». Car, tout le monde le sait, il n'est que psychologique, ce mécanisme. Il y a deux siècles, j'étais perdu pour l'humanité, esclave à jamais. Et puis des hommes sont venus, déclarant que tout cela n'avait que trop duré. Ma ténacité a fait le reste ; j'étais sauvé du déluge civilisateur. Je me suis avancé...

Trop tard. Tout est prévu, trouvé, prouvé, exploité. Mes mains nerveuses ne ramènent rien ; le gisement est épuisé. Trop tard ! Mais là aussi je veux comprendre.

Depuis le temps que certain se plaignit de venir trop tard et que tout était dit, il semble exister une nostalgie du passé. Serait-ce ce paradis perdu des origines, dont parle Otto Rank ? Combien de ceux-là, fixés, semble-t-il, à l'utérus du monde, ont consacré leur vie à l'intellection des Oracles de Delphes ou se sont efforcés de retrouver le périple d'Ulysse ! Les pan-spiritualistes, voulant prouver l'existence d'une âme chez les animaux, emploient l'argument suivant : un chien se couche sur la tombe de son maître et y meurt de faim. Il revient à Janet d'avoir montré que le dit chien, contrairement à l'homme, n'était tout simplement pas capable de liquider le passé. On parle de grandeur grecque, dit Artaud ; mais, ajoute-t-il, si le peuple d'aujourd'hui ne comprend plus les *Choéphores* d'Eschyle, c'est Eschyle qui a tort. C'est au nom de la tradition que les antisémites valorisent leur « point de vue ». C'est au nom de la tradition, de ce long passé d'histoire, de cette parenté sanguine avec Pascal et Descartes, qu'on dit aux Juifs : vous ne sauriez trouver place dans la communauté. Dernièrement, un de ces bons Français déclarait, dans un train où j'avais pris place :

« Que les vertus vraiment françaises subsistent, et la

race est sauvée ! A l'heure actuelle, il faut réaliser l'Union nationale. Plus de luttes intestines ! Face aux étrangers (et, se tournant vers mon coin :) quels qu'ils soient. »

Il faut dire à sa décharge qu'il puait le gros rouge ; s'il l'avait pu, il m'aurait dit que mon sang d'esclave libéré n'était pas capable de s'affoler au nom de Villon ou de Taine.

Une honte !

Le Juif et moi : non content de me racialiser, par un coup heureux du sort, je m'humanisais. Je rejoignais le Juif, frères de malheur.

Une honte !

De prime abord, il peut sembler étonnant que l'attitude de l'antisémite s'apparente à celle du négrophobe. C'est mon professeur de philosophie, d'origine antillaise, qui me le rappelait un jour : « Quand vous entendez dire du mal des Juifs, dressez l'oreille, on parle de vous. » Et je pensais qu'il avait raison universellement, entendant par-là que j'étais responsable, dans mon corps et dans mon âme, du sort réservé à mon frère. Depuis lors, j'ai compris qu'il voulait tout simplement dire : un antisémite est forcément négrophobe.

Vous arrivez trop tard, beaucoup trop tard. Il y aura toujours un monde — blanc — entre vous et nous... Cette impossibilité pour l'autre de liquider une fois pour toutes le passé. On comprend que, devant cette ankylose affective du Blanc, j'aie pu décider de pousser mon cri nègre. Petit à petit, lançant çà et là des pseudopodes, je sécrétai une race. Et cette race tituba sous le poids d'un élément fondamental. Quel est-il ? Le *rythme !* Ecoutez Senghor, notre chantre :

« C'est la chose la plus sensible et la moins matérielle. C'est l'élément vital par excellence. Il est la condition première et le signe de l'Art, comme la respiration de la vie ; la respiration qui se précipite ou ralentit, devient régulière ou spasmodique suivant la tension de l'être, le degré et la qualité de l'émotion. Tel est le rythme primitivement dans sa pureté, tel il est dans les chefs-d'œuvre de l'Art nègre, particulièrement de la sculpture. Il est fait d'un thème — forme sculpturale — qui s'oppose à un thème frère comme l'inspiration à l'expiration, et qui se reprend.

Ce n'est pas la symétrie qui engendre la monotonie ; le rythme est vivant, il est libre... C'est ainsi que le rythme agit sur ce qu'il y a de moins intellectuel en nous, despotiquement, pour nous faire pénétrer dans la spiritualité de l'objet ; et cette attitude d'abandon qui est nôtre est elle-même rythmique[6]. »

Avais-je bien lu ? Je relus à coups redoublés. De l'autre côté du monde blanc, une féerique culture nègre me saluait. Sculpture nègre ! Je commençai à rougir d'orgueil. Etait-ce là le salut ?

J'avais rationalisé le monde et le monde m'avait rejeté au nom du préjugé de couleur. Puisque, sur le plan de la raison, l'accord n'était pas possible, je me rejetais vers l'irrationalité. A charge au Blanc d'être plus irrationnel que moi. J'avais, pour les besoins de la cause, adopté le processus régressif, mais il restait que c'était une arme étrangère ; ici je suis chez moi ; je suis bâti d'irrationnel ; je patauge dans l'irrationnel. Irrationnel jusqu'au cou. Et maintenant, vibre ma voix !

> « Ceux qui n'ont inventé ni la poudre ni la boussole
> Ceux qui n'ont jamais su dompter la vapeur ni
>     l'électricité
> Ceux qui n'ont exploré ni les mers ni le ciel
> mais ils savent en ses moindres recoins le pays de
>     souffrance
> Ceux qui n'ont connu de voyages que de déracine-
>     ments
> Ceux qui se sont assouplis aux agenouillements
> Ceux qu'on domestiqua et christianisa
> Ceux qu'on inocula d'abâtardissement... »

Oui, tous ceux-là sont mes frères — une « fraternité âpre » nous agrippe pareillement. — Après avoir affirmé la thèse mineure, par-dessus bord je hèle autre chose.

> « ... Mais ceux sans qui la terre ne serait pas la terre
> Gibbosité d'autant plus bienfaisante
> que

6. « Ce que l'homme noir apporte », *L'Homme de couleur*, pp. 309-310.

> la terre déserte
> davantage la terre
> Silo où se préserve et mûrit ce que la
> terre a de plus terre
> Ma négritude n'est pas une pierre, sa surdité
> ruée contre la clameur du jour
> Ma négritude n'est pas une taie d'eau morte
> sur l'œil mort de la terre
> Ma négritude n'est ni une tour ni une cathédrale
> Elle plonge dans la chair rouge du sol
> Elle plonge dans la chair ardente du ciel
> Elle troue l'accablement opaque de sa droite pa-
> tience [7]. »

Eia ! le tam-tam baragouine le message cosmique. Seul le nègre est capable de le transmettre, d'en déchiffrer le sens, la portée. A cheval sur le monde, les talons vigoureux contre les flancs du monde, je lustre l'encolure du monde, tel le sacrificateur l'entre-deux yeux de la victime.

« Mais ils s'abandonnent, saisis, à l'essence de toute chose, ignorants des surfaces mais saisis par le mouvement de toute chose

> insoucieux de dompter mais jouant le jeu du monde
> véritablement les fils aînés du monde
> poreux à tous les souffles du monde
> aire fraternelle de tous les souffles du monde
> lit sans drain de toutes les eaux du monde
> étincelle du feu sacré du Monde
> chair de la chair du monde palpitant du mouvement
> même du monde [8] ! »

Sang ! Sang !... Naissance ! Vertige du devenir ! Aux trois quarts abîmé dans l'ahurissement du jour, je me sentis rougir de sang. Les artères du monde, bouleversées, arrachées, déracinées, se sont tournées vers moi et elles m'ont fécondé.

7. A. Césaire, *Cahier d'un retour au pays natal*, pp. 77-78.
8. *Ibid.*, p. 78.

« Sang ! Sang ! Tout notre sang ému par le cœur
mâle du soleil [9]. »

Le sacrifice avait servi de moyen terme entre la création
et moi — je retrouvais non plus les origines, mais l'Origine. Toutefois, il fallait se méfier du rythme, de l'amitié
Terre-Mère, ce mariage mystique, charnel, du groupe et
du cosmos.

Dans *La Vie sexuelle en Afrique noire*, travail riche en
observations, De Pédrals laisse entendre qu'il y a toujours en Afrique, quel que soit le domaine considéré, une
certaine structure magico-sociale. Et, ajoute-t-il, « tous ces
éléments sont ceux que l'on retrouve à une échelle plus
vaste encore en matière de sociétés secrètes. Dans la
mesure, d'ailleurs, où les circoncis, les excisées, opérés à
l'adolescence, ne doivent, sous peine de mort, divulguer
aux non-initiés ce qu'ils ont subi, et dans la mesure où
l'initiation à une société secrète fait toujours appel à des
actes *d'amour sacré*, il y a lieu de terminer en considérant
la circoncision, l'excision et les rites qu'ils illustrent
comme constitutifs de sociétés secrètes mineures [10] ».

Je marche sur des chardons blancs. Des nappes d'eau
menacent mon âme de feu. Face à ces rites, je redouble
d'attention. Magie noire ! Orgies, sabbat, cérémonies
païennes, gris-gris. Le coït est l'occasion d'invoquer les
dieux de la fratrie. C'est un acte sacré, pur, absolu, favorisant l'intervention de forces invisibles. Que penser de
toutes ces manifestations, de toutes ces initiations, de
toutes ces opérations ? De partout me revient l'obscénité
de danses, de propositions. Tout près de moi retentit un
chant :

« Avant nos cœurs étaient très chauds
Maintenant ils sont froids
Nous ne songeons plus qu'à l'Amour
De retour au village
Quand nous rencontrerons un gros phallus

9. A. Césaire, *op. cit.*, p. 79.
10. De Pédrals, *La vie sexuelle en Afrique noire*, Payot, p. 83.

> Ah! que nous ferons bien l'Amour
> Car notre sexe sera sec et propre[11]. »

Le sol, tout à l'heure encore coursier maîtrisé, se met à rigoler. Sont-ces des vierges, ces nymphomanes ? Magie Noire, mentalité primitive, animisme, érotisme animal, tout cela reflue vers moi. Tout cela caractérise des peuples n'ayant pas suivi l'évolution de l'humanité. Il s'agit là, si l'on préfère, d'humanité au rabais. Parvenu à ce point, j'hésitai longtemps avant de m'engager. Les étoiles se firent agressives. Il me fallait choisir. Que dis-je, je n'avais pas le choix...

Oui, nous sommes (les nègres) arriérés, simples, libres dans nos manifestations. C'est que le corps pour nous n'est pas opposé à ce que vous appelez l'esprit. Nous sommes dans le monde. Et vive le couple Homme-Terre ! D'ailleurs, nos hommes de lettres m'aidaient à vous convaincre ; votre civilisation blanche néglige les richesses fines, la sensibilité. Ecoutez :

« Sensibilité émotive. *L'émotion est nègre comme la raison hellène*[12]. Eau que rident tous les souffles ? Ame de plein air battue des vents et d'où le fruit souvent tombe avant maturité ? Oui, en un sens, le nègre aujourd'hui est plus riche *de dons que d'œuvres*[12]. Mais l'arbre plonge ses racines dans la terre. Le fleuve coule profond, charriant des paillettes précieuses. Et, chante le poète afroaméricain Langston Hugues :

> « J'ai connu des fleuves,
> d'antiques de sombres fleuves
> mon âme est devenue profonde
> comme les fleuves profonds. »

» La nature même de l'émotion, de la sensibilité du nègre, d'autre part, explique l'attitude de celui-ci devant l'objet perçu avec une telle violence essentielle. C'est un abandon qui devient besoin, attitude active de commu-

11. Versiat, *Les rites secrets de l'Oubangui*, p. 113.
12. Souligné par nous.

nion, voire d'identification, pour peu que soit forte l'action, j'allais dire la personnalité de l'objet. Attitude rythmique, que l'on retienne le mot [13]. »

Et voici le nègre réhabilité, « debout à la barre », gouvernant le monde de son intuition, le nègre retrouvé, ramassé, revendiqué, assumé, et c'est un nègre, non pas, ce n'est point un nègre, mais le nègre, alertant les antennes fécondes du monde, planté dans l'avant-scène du monde, aspergeant le monde de sa puissance poétique, « poreux à tous les souffles du monde ». J'épouse le monde ! Je suis le monde ! Le Blanc n'a jamais compris cette substitution magique. Le Blanc veut le monde ; il le veut pour lui tout seul. Il se découvre le maître prédestiné de ce monde. Il l'asservit. Il s'établit entre le monde et lui un rapport appropriatif. Mais il existe des valeurs qui ne s'accommodent qu'à ma sauce. En magicien, je vole au Blanc « un certain monde », pour lui et les siens perdu. Ce jour-là, le Blanc dut ressentir un choc en retour qu'il ne put identifier, étant tellement peu habitué à ces réactions. C'est que, au-dessus du monde objectif des terres et des bananiers ou hévéas, j'avais délicatement institué le véritable monde. L'essence du monde était mon bien. Entre le monde et moi s'établissait un rapport de co-existence. J'avais retrouvé l'Un primordial. Mes « mains sonores » dévoraient la gorge hystérique du monde. Le Blanc eut l'impression pénible que je lui échappais, et que j'emmenais quelque chose avec moi. Il me fouilla les poches. Passa la sonde dans la moins dessinée de mes circonvolutions. Partout, c'était du connu. Or, c'était évident, je possédais un secret. On m'interrogea ; me détournant d'un air mystérieux, je murmurai :

> « Tokowaly, mon oncle, te souviens-tu des nuits de jadis
> Quand s'appesantissait ma tête sur ton dos de patience ou que
> Me tenant par la main ta main me guidait par ténèbres et signes

13. Senghor, *Ce que l'homme noir apporte*, p. 295.

Les champs sont fleurs de vers luisants, des étoiles
    se posent sur les herbes, sur les arbres
C'est le silence alentour
Seuls bourdonnent les parfums de brousse, ruches
    d'abeilles rousses qui dominent la vibration grêle
    des grillons,
Et tam-tam voilé, la respiration au loin de la nuit,
Toi Tokowaly, tu écoutes l'inaudible, et tu m'expli-
    ques ce que disent les ancêtres dans la sérénité
    marine des constellations,
Le taureau, le scorpion, le léopard, l'éléphant et les
    poissons familiers,
Et la pompe lactée des Esprits par le tan céleste qui
    ne finit point,
Mais voici l'intelligence de la déesse Lune et que
    tombent les voiles des ténèbres.
Nuit d'Afrique, ma nuit noire, mystique et claire,
    noire et brillante [14]. »

Je me faisais le poète du monde. Le Blanc avait découvert une poésie qui n'avait rien de poétique. L'âme du
Blanc était corrompue et, comme me le disait un ami
qui enseigna aux Etats-Unis : « Les nègres en face des
Blancs constituent en quelque sorte l'assurance sur l'humanité. Quand les Blancs se sentent par trop mécanisés,
ils se tournent vers les hommes de couleur et leur deman-
dent un peu de nourriture humaine. » Enfin j'étais
reconnu, je n'étais plus un néant.

Je devais vite déchanter. Le Blanc, un instant interlo-
qué, m'exposa que génétiquement, je représentais un
stade : « Vos qualités ont été épuisées par nous. Nous
avons eu des mystiques de la terre comme vous n'en
connaîtrez jamais. Penchez-vous sur notre histoire, vous
comprendrez jusqu'où est allée cette fusion. » J'eus alors
l'impression de répéter un cycle. Mon originalité m'était
extorquée. Je restai longtemps à pleurer, et puis je me
remis à vivre. Mais j'étais hanté par une série de formules
dissolvantes : l'odeur *sui generis* du nègre... la bonhomie
*sui generis* du nègre... la naïveté *sui generis* du nègre...

14. Senghor, *Chants d'ombre*. Editions du Seuil, 1945.

J'avais essayé de m'évader par la bande, mais les Blancs m'étaient tombés dessus et m'avaient coupé le jarret gauche. J'arpentai les limites de mon essence ; à n'en pas douter, c'était assez maigre. C'est à ce niveau que se situe ma découverte la plus extraordinaire. Cette découverte est à proprement parler une redécouverte.

Je fouillai vertigineusement l'antiquité noire. Ce que j'y découvris me laissa pantelant. Dans son livre sur *L'abolition de l'esclavage*, Schœlcher nous apportait des arguments péremptoires. Depuis lors, Frobenius, Westermann, Delafosse, tous blancs, firent chorus : Ségou, Djenné, villes de plus de cent mille habitants. On parla de docteurs noirs (docteurs en théologie qui allaient à La Mecque discuter du Coran). Tout cela exhumé, étalé, viscères au vent, me permit de retrouver une catégorie historique valable. Le Blanc s'était trompé, je n'étais pas un primitif, pas davantage un demi-homme, j'appartenais à une race qui, il y a de cela deux mille ans, travaillait déjà l'or et l'argent. Et puis, il y avait autre chose, autre chose que ne pouvait comprendre le Blanc. Ecoutez :

« Quels étaient donc ces hommes qu'une sauvagerie insurpassée au cours des siècles arrachait ainsi à leur pays, à leurs dieux, à leurs familles ?

» Des hommes doux, polis, courtois, supérieurs assurément à leurs bourreaux, ce ramassis d'aventuriers qui brisaient, violaient, insultaient l'Afrique pour mieux la dépouiller.

» Ils savaient bâtir des maisons, administrer des empires, construire des villes, cultiver les champs, fondre le minerai, tisser le coton, forger le fer.

» Leur religion était belle, faite de mystérieux contacts avec le fondateur de la cité. Leurs mœurs agréables, fondées sur la solidarité, la bienveillance, le respect de l'âge.

» Aucune coercition, mais l'entraide, la joie de vivre, la discipline librement consentie.

» Ordre — Intensité — Poésie et liberté.

» De l'individu sans angoisse au chef presque fabuleux, une chaîne continue de compréhension et de confiance. Pas de science ? Certes, mais ils avaient, pour les protéger de la peur, de grands mythes où l'observation la plus fine et l'imagination la plus hardie s'équilibraient et se fondaient. Pas d'art ? Ils avaient leur magnifique statuaire, où l'émotion humaine n'explose jamais si farouchement qu'elle n'organise selon les obsédantes lois du rythme les grands plans d'une matière sommée de capter pour les redistribuer les forces les plus secrètes de l'univers [15]... »

« ... Des monuments en plein cœur de l'Afrique ? Des écoles ? Des hôpitaux ? Pas un bourgeois du XXᵉ siècle, pas un Durand, un Smith ou un Brown qui en soupçonne l'existence dans l'Afrique d'avant les Européens...

» ... Mais Schœlcher en signale l'existence d'après Caillé, Mollien, les frères Cander. Et s'il ne signale nulle part que lorsque les Portugais débarquèrent sur les rives du Congo en 1498, ils y découvrirent un Etat riche et florissant et qu'à la Cour d'Ambasse les grands étaient vêtus de soie et de brocart, il sait du moins que l'Afrique s'est élevée d'elle-même à une conception juridique de l'Etat et il soupçonne en plein siècle d'impérialisme qu'après tout la civilisation européenne n'est qu'une civilisation parmi les autres — et pas la plus tendre [16]. »

Je remettais le Blanc à sa place ; enhardi, je le bousculai et lui jetai à la face : accommodez-vous de moi, je ne m'accommode de personne. Je ricanais à pleines étoiles. Le Blanc, c'était visible, grondait. Son temps de réaction s'allongeait indéfiniment... J'avais gagné. J'exultais.

« Laissez là votre histoire, vos recherches sur le passé et essayez de vous mettre à notre rythme. Dans une société comme la nôtre, industrialisée à l'extrême, scientifiée, il n'y a plus de place pour votre sensibilité. Il faut être dur pour être admis à vivre. Il ne s'agit plus de jouer le jeu du monde, mais bien de l'asservir à coups d'intégrales et d'atomes. Bien sûr, me disait-on, de temps à autre, quand nous serons fatigués de la vie de nos buildings, nous irons à vous comme à nos enfants... vierges... étonnés... spontanés. Nous irons à vous comme à l'enfance

15. Victor Schœlcher, *Esclavage et colonisation*, Introduction par Aimé Césaire, p. 7.
16. *Ibid.*, p. 8.

du monde. Vous êtes si vrais dans votre vie, c'est-à-dire si badins. Abandonnons pour quelques instants notre civilisation cérémonieuse et polie et penchons-nous sur ces têtes, sur ces visages adorablement expressifs. En un sens, vous nous réconciliez avec nous-mêmes. »

Ainsi, à mon irrationnel, on opposait le rationnel. A mon rationnel, le « véritable rationnel ». A tous les coups, je jouais perdant. J'expérimentai mon hérédité. Je fis un bilan complet de ma maladie. Je voulais être typiquement nègre, — ce n'était plus possible. Je voulais être blanc, — il valait mieux en rire. Et quand j'essayais, sur le plan de l'idée et de l'activité intellectuelle, de revendiquer ma négritude, on me l'arrachait. On me démontrait que ma démarche n'était qu'un terme dans la dialectique :

« Mais il y a plus grave : le nègre, nous l'avons dit, se crée un racisme antiraciste. Il ne souhaite nullement dominer le monde : il veut l'abolition des privilèges ethniques d'où qu'ils viennent ; il affirme sa solidarité avec les opprimés de toute couleur. Du coup la notion subjective, existentielle, ethnique de *négritude* « passe », comme dit Hegel, dans celle — objective, positive, exacte — de *prolétariat*. « Pour Césaire, dit Senghor, le « Blanc » symbolise le capital, comme le nègre le travail... A travers les hommes à peau noire de sa race, c'est la lutte du prolétariat mondial qu'il chante. »

» C'est facile à dire, moins facile à penser. Et, sans doute, ce n'est pas par hasard que les chantres les plus ardents de la négritude sont en même temps des militants marxistes.

» Mais cela n'empêche que la notion de race ne se recoupe pas avec celle de classe : celle-là est concrète et particulière, celle-ci universelle et abstraite ; l'une ressortit à ce que Jaspers nomme compréhension et l'autre à l'intellection ; la première est le produit d'un syncrétisme psycho-biologique et l'autre est une construction méthodique à partir de l'expérience. En fait, la négritude apparaît comme le temps faible d'une progression dialectique : l'affirmation théorique et pratique de la suprématie du Blanc est la thèse ; la position de la négritude comme valeur antithétique est le moment de la négativité Mais ce moment négatif n'a pas de suffisance par lui-même et les Noirs qui en usent le savent fort bien ; ils savent qu'il vise à préparer la synthèse ou réalisation de l'humain dans une société sans races. Ainsi la Négritude est pour se détruire, elle est passage et non aboutissement, moyen et non fin dernière [17]. »

Quand je lus cette page, je sentis qu'on me volait ma dernière chance. Je déclarai à mes amis : « La génération des jeunes poètes noirs vient de recevoir un coup qui ne pardonne pas. » On avait fait appel à un ami des peuples de couleur, et cet ami n'avait rien trouvé de mieux que montrer la relativité de leur action. Pour une fois, cet hégélien-né avait oublié que la conscience a besoin de se perdre dans la nuit de l'absolu, seule condition pour parvenir à la conscience de soi. Contre le rationalisme, il rappelait le côté négatif, mais en oubliant que cette négativité tire sa valeur d'une absoluité quasi substantielle. La conscience engagée dans l'expérience ignore, doit ignorer les essences et les déterminations de son être.

*Orphée Noir* est une date dans l'intellectualisation de l'*exister* noir. Et l'erreur de Sartre a été non seulement de vouloir aller à la source de la source, mais en quelque façon de tarir cette source :

« La source de la Poésie tarira-t-elle ? Ou bien le grand fleuve noir colorera-t-il malgré tout la mer dans laquelle il se jette ? Il n'importe : à chaque époque sa poésie ; à chaque époque, les circonstances de l'histoire élisent une nation, une race, une classe pour reprendre le flambeau, en créant des situations qui ne peuvent s'exprimer ou se dépasser que par la Poésie ; et tantôt l'élan poétique coïncide avec l'élan révolutionnaire et tantôt ils divergent. Saluons aujourd'hui la chance historique qui permettra aux Noirs de pousser « d'une telle raideur le grand cri nègre que les assises du monde en seront ébranlées » (Césaire) [18]. »

---

17. Jean-Paul Sartre, *Orphée Noir*, Préface à l'*Anthologie de la poésie nègre et malgache*, pp. xl et suiv.
18. J.-P. Sartre, *ibid.*, p. xliv.

Et voilà, ce n'est pas moi qui me crée un sens, mais c'est le sens qui était là, pré-existant, m'attendant. Ce n'est pas avec ma misère de mauvais nègre, mes dents de mauvais nègre, ma faim de mauvais nègre, que je modèle un flambeau pour y foutre le feu afin d'incendier ce monde, mais c'est le flambeau qui était là, attendant cette chance historique.

En termes de conscience, la conscience noire se donne comme densité absolue, comme pleine d'elle-même, étape pré-existante à toute fente, à toute abolition de soi par le désir. Jean-Paul Sartre, dans cette étude, a détruit l'enthousiasme noir. Contre le devenir historique, il y avait à opposer l'imprévisibilité. J'avais besoin de me perdre dans la négritude absolument. Peut-être qu'un jour, au sein de ce romantisme malheureux...

En tout cas *j'avais besoin* d'ignorer. Cette lutte, cette redescente devaient revêtir un aspect achevé. Rien de plus désagréable que cette phrase : « Tu changeras, mon petit ; quand j'étais jeune, moi aussi... tu verras, tout passe. »

La dialectique qui introduit la nécessité au point d'appui de ma liberté m'expulse de moi-même. Elle rompt ma position irréfléchie. Toujours en termes de conscience, la conscience noire est immanente à elle-même. Je ne suis pas une potentialité de quelque chose, je suis pleinement ce que je suis. Je n'ai pas à rechercher l'universel. En mon sein nulle probabilité ne prend place. Ma conscience nègre ne se donne pas comme manque. Elle *est*. Elle est adhérente à elle-même.

Mais, nous dira-t-on, il y a dans vos affirmations méconnaissance du processus historique. Ecoutez donc :

> « Afrique j'ai gardé ta mémoire Afrique
> tu es en moi
> Comme l'écharde dans la blessure
> comme un fétiche tutélaire au centre du village
> fais de moi la pierre de ta fronde
> de ma bouche les lèvres de ta plaie
> de mes genoux les colonnes brisées de ton abaissement

POURTANT
je ne veux être que de votre race
ouvriers paysans de tous les pays...
... ouvrier blanc de Detroit péon noir d'Alabama
peuple innombrable des galères capitalistes
le destin nous dresse épaule contre épaule
et reniant l'antique maléfice des tabous du sang
nous foulons les décombres de nos solitudes
Si le torrent est frontière
nous arracherons au ravin sa chevelure
intarissable
Si la Sierra est frontière
nous briserons la mâchoire des volcans
affirmant les Cordillères
et la plaine sera l'esplanade d'aurore
où rassembler nos forces écartelées
par la ruse de nos maîtres
Comme la contradiction des traits
se résout en l'harmonie du visage
nous proclamons l'unité de la souffrance
et de la révolte
de tous les peuples sur toute la surface de la terre
    et nous brassons le mortier des temps fraternels
    dans la poussière des idoles [19]. »

Justement, répondrons-nous, l'expérience nègre est
ambiguë, car il n'y a pas *un* nègre, mais *des* nègres. Quelle
différence, par exemple, avec cet autre poème :

« Le Blanc a tué mon père
Car mon père était fier
Le Blanc a violé ma mère
Car ma mère était belle
Le Blanc a courbé mon frère sous le soleil des routes
Car mon frère était fort
Puis le Blanc a tourné vers moi
Ses mains rouges de sang
M'a craché Noir son mépris au visage
Et de sa voix de maître :

19. Jacques Roumain, *Bois d'ébène*, prélude.

« Hé boy, un berger, une serviette, de l'eau »[20]. »

Et cet autre :

« Mon frère aux dents qui brillent sous le compli-
[ment hypocrite
Mon frère aux lunettes d'or
Sur tes yeux rendus bleus par la parole du Maître
Mon pauvre frère au smoking à revers de soie
Piaillant et susurrant et plastronnant dans les salons
[de la Condescendance
Tu nous fais pitié
Le soleil de ton pays n'est plus qu'une ombre
Sur ton front serein de civilisé
Et la case de ta grand-mère
Fait rougir un visage blanchi par des années d'hu-
[miliation et de *Mea Culpa*
Mais lorsque repu de mots sonores et vides
Comme la caisse qui surmonte tes épaules
Tu fouleras la terre amère et rouge d'Afrique
Ces mots angoissés rythmeront alors ta marche
[inquiète
Je me sens si seul, si seul ici[21] ! »

De temps à autre, on a envie de s'arrêter. Exprimer le
réel est chose ardue. Mais quand on se met en tête de
vouloir exprimer l'existence, on risque de ne rencontrer
que l'inexistant. Ce qui est certain, c'est qu'au moment
où je tente une saisie de mon être, Sartre, qui demeure
l'Autre, en me nommant m'enlève toute illusion. Alors
que je lui dis :

« Ma Négritude n'est ni une tour, ni une cathédrale,
elle plonge dans la chair rouge du sol,
elle plonge dans la chair ardente du ciel,
elle troue l'accablement opaque de sa droite pa-
tience... »

20. David Diop, *Trois poèmes*, Le temps du martyre.
21. David Diop, *Le Renégat*

alors que moi, au paroxysme du vécu et de la fureur, je proclame cela, il me rappelle que ma négritude n'est qu'un temps faible. En vérité, en vérité je vous le dis, mes épaules ont glissé de la structure du monde, mes pieds n'ont plus senti la caresse du sol. Sans passé nègre, sans avenir nègre, il m'était impossible d'exister ma négrerie. Pas encore blanc, plus tout à fait noir, j'étais un damné. Jean-Paul Sartre a oublié que le nègre souffre dans son corps autrement que le Blanc [22]. Entre le Blanc et moi, il y a irrémédiablement un rapport de transcendance [23].

Mais on a oublié la constance de mon amour. Je me définis comme tension absolue d'ouverture. Et je prends cette négritude et, les larmes aux yeux, j'en reconstitue le mécanisme. Ce qui avait été mis en pièces est par mes mains, lianes intuitives, rebâti, édifié.

Plus violente retentit ma clameur : je suis un nègre, je suis un nègre, je suis un nègre...

Et c'est mon pauvre frère, — vivant à l'extrême sa névrose, et qui se découvre paralysé :

« LE NÈGRE : Je ne peux pas, madame.

LIZZIE : Quoi ?

LE NÈGRE : Je ne peux pas tirer sur les Blancs,

LIZZIE : Vraiment ! Ils vont se gêner, eux !

LE NÈGRE : Ce sont des Blancs, madame.

LIZZIE : Et alors ? Parce qu'ils sont Blancs, ils ont le droit de te saigner comme un cochon ?

LE NÈGRE : Ce sont des Blancs. »

Sentiment d'infériorité ? Non, sentiment d'inexistence. Le péché est nègre comme la vertu est blanche. Tous ces Blancs réunis, le revolver au poing, ne peuvent pas avoir tort. Je suis coupable. Je ne sais pas de quoi, mais je sens que je suis un misérable.

---

22. Si les études de Sartre sur l'existence d'autrui demeurent exactes (dans la mesure, nous le rappelons, où *l'Etre et le Néant* décrit une conscience aliénée), leur application à une conscience nègre se révèle fausse. C'est que le Blanc n'est pas seulement l'Autre, mais le maître, réel ou imaginaire d'ailleurs.

23. Dans le sens où l'entend Jean Wahl, *Existence humaine et transcendance*, Etre et Penser.

> « LE NÈGRE : C'est comme ça, madame, c'est toujours
> comme ça avec les Blancs.
> LIZZIE : Toi aussi tu te sens coupable ?
> LE NÈGRE : Oui, madame [24]. »

C'est Bigger Thomas, — qui a peur, une peur affreuse.
Il a peur, mais de quoi a-t-il peur ? De lui-même. On ne
sais pas encore qui il est, mais il sait que la peur habi-
tera le monde quand le monde saura. Et quand le monde
sait, le monde attend toujours quelque chose du nègre.
Il a peur que le monde sache, il a peur de la peur qui
serait celle du monde si le monde savait. Comme cette
vieille femme, qui nous supplie à genoux de l'attacher à
son lit :

> « — Je sens, docteur, à tout instant cette chose qui
> me prend.
> — Quelle chose ?
> — L'envie de me suicider. Attachez-moi, j'ai peur. »

A la fin, Bigger Thomas agit. Pour mettre fin à la tension, il agit, il répond à l'attente du monde [25].

C'est le personnage de *If he hollers, let him go* [26], —
qui fait justement ce qu'il ne voulait pas faire. Cette
grosse blonde qui lui barre la route à tout moment, défail-
lante, sensuelle, offerte, ouverte, craignant (souhaitant) le
viol, à la fin devient sa maîtresse.

Le nègre est un jouet entre les mains du Blanc ; alors,
pour rompre ce cercle infernal, il explose. Impossible
d'aller au cinéma sans me rencontrer. Je m'attends. A
l'entracte, juste avant le film, je m'attends. Ceux qui sont
devant moi me regardent, m'épient, m'attendent. Un nègre-
groom va apparaître. Le cœur me tourne la tête.

L'estropié de la guerre du Pacifique dit à mon frère :
« Accommode-toi de ta couleur comme moi de mon moi-
gnon ; nous sommes tous deux des accidentés [27]. »

24. J.-P. Sartre, *La Putain respectueuse.* — Voir aussi : *Je suis un nègre,*
« Home of the brave », film de Mark Robson.
25. Richard Wright, *Native Son.*
26. Chester  imes.
27. *Je suis un nègre.*

Pourtant, de tout mon être, je refuse cette amputation. Je me sens une âme aussi vaste que le monde, véritablement une âme profonde comme la plus profonde des rivières, ma poitrine a une puissance d'expansion infinie. Je suis don et l'on me conseille l'humilité de l'infirme... Hier, en ouvrant les yeux sur le monde, je vis le ciel de part en part se révulser. Je voulus me lever, mais le silence éviscéré reflua vers moi, ses ailes paralysées. Irresponsable, à cheval entre le Néant et l'Infini, je me mis à pleurer.

# 6

# Le Nègre
# et la psychopathologie

Les écoles psychanalytiques ont étudié les réactions névrotiques qui prennent naissance dans certains milieux, dans certains secteurs de civilisation. On devrait, pour obéir à une exigence dialectique, se demander dans quelle mesure les conclusions de Freud ou d'Adler peuvent être utilisées dans une tentative d'explication de la vision du monde de l'homme de couleur.

La psychanalyse, on ne le soulignera jamais assez, se propose de comprendre des comportements donnés — au sein du groupe spécifique que représente la famille. Et quand il s'agit d'une névrose vécue par un adulte, la tâche de l'analyste est de retrouver, dans la nouvelle structure psychique, une analogie avec de tels éléments infantiles, une répétition, une copie de conflits éclos au sein de la constellation familiale. Dans tous les cas, on s'attache à considérer la famille « comme objet et circonstance psychiques [1] ».

Ici, toutefois, les phénomènes vont se compliquer singulièrement. La famille, en Europe, représente en effet une certaine façon qu'a le monde de s'offrir à l'enfant. La structure familiale et la structure nationale entretiennent des rapports étroits. La militarisation et la centralisation de l'autorité dans un pays entraînent automatiquement une recrudescence de l'autorité paternelle. En Europe et dans tous les pays dits civilisés ou civilisateurs, la famille est un morceau de nation. L'enfant qui sort du

1. « Le complexe, facteur concret de la psychologie familiale », J. Lacan, *Encyclopédie française*, 8-40-5.

milieu parental retrouve les mêmes lois, les mêmes principes, les mêmes valeurs. Un enfant normal ayant grandi
dans une famille normale sera un homme normal [2]. Il n'y
a pas de disproportion entre la vie familiale et la vie
nationale. Inversement, si l'on considère une société fermée, c'est-à-dire ayant été protégée du flux civilisateur, on
retrouve les mêmes structures décrites ci-dessus. *L'âme du
Pygmée d'Afrique*, du R. P. Trilles, par exemple, nous con-
vainc de la chose ; on y sent bien à tout instant le besoin
de catholiciser l'âme négrille, mais la description qu'on
y trouve de la culture — schèmes cultuels, persistance de
rites, survivance de mythes — ne donne pas l'impression
artificielle de *La philosophie bantoue*.

Dans un cas comme dans l'autre, il y a projection sur
le milieu social des caractères du milieu familial. Il est
vrai que des enfants de voleurs ou de bandits, habitués à
une certaine législation de clan, seront surpris de constater que le reste du monde se comporte différemment,
mais une nouvelle éducation — à moins de perversion
ou d'arriération (Heuyer) [3] — doit pouvoir les amener
à moraliser leur vision, à la socialiser.

On s'aperçoit, dans tous ces cas, que la morbidité se
situe dans le milieu familial. « L'autorité dans l'Etat est
pour l'individu la reproduction de l'autorité familiale par
laquelle il a été modelé dans son enfance. L'individu assimile les autorités rencontrées ultérieurement à l'autorité
parentale : il perçoit le présent en termes du passé.
Comme tous les autres comportements humains, le comportement devant l'autorité est appris. Et il est appris

2. Nous voulons croire qu'on ne nous fera pas un procès de cette dernière phrase. Les sceptiques ont beau jeu de demander : « Qu'appelez-vous
normal ? » Pour l'instant, il n'est pas dans notre propos de répondre à cette
question. Afin de parer au plus pressé, citons l'ouvrage très instructif, bien
qu'axé uniquement sur le problème biologique, de G. Canguilhem, *Le normal et le pathologique*. Ajoutons seulement que, dans le domaine mental,
est anormal celui qui demande, appelle, implore.

3. Encore que cette réserve soit elle-même discutable. Voir par exemple
la communication de Mademoiselle Juliette Boutonnier : « La perversion ne
serait-elle pas une profonde arriération affective entretenue ou engendrée par
les conditions dans lesquelles a vécu l'enfant, au moins autant que par des
dispositions constitutionnelles qui restent évidemment en cause, mais qui ne
sont probablement pas seules responsables ? » (*Revue Française de Psychanalyse*, n° 3, 1949, pp. 403-404).

au sein d'une famille que l'on peut distinguer du point de vue psychologique par son organisation particulière, c'est-à-dire par la façon dont l'autorité y est répartie et exercée[4]. »

Or, et c'est là un point très important, nous constatons l'inverse chez l'homme de couleur. Un enfant noir normal, ayant grandi au sein d'une famille normale, s'anormalisera au moindre contact avec le monde blanc. On ne comprendra pas immédiatement cette proposition. Aussi avancerons-nous à reculons. Rendant justice au Dr Breuer, Freud écrit : « Dans presque chaque cas, nous constatons que les symptômes étaient comme des résidus, pour ainsi dire, d'expériences émotives, que pour cette raison nous avons appelées plus tard traumas psychiques. Leur caractère particulier s'apparentait à la scène traumatique qui les avait provoqués. Selon l'expression consacrée, les symptômes étaient déterminés par des « scènes » dont ils formaient les résidus mnésiques, et il n'était plus nécessaire de voir en eux des effets arbitraires et énigmatiques de la névrose. Cependant, contrairement à ce que l'on attendait, ce n'était pas toujours d'un seul événement que le symptôme résultait, mais la plupart du temps de multiples traumas souvent analogues et répétés. Par conséquent, il fallait reproduire chronologiquement toute cette chaîne de souvenirs pathogènes, mais dans l'ordre inverse, le dernier d'abord et le premier à la fin ; impossible de pénétrer jusqu'au premier trauma, souvent le plus efficace, si l'on sautait les intermédiaires. »

On ne saurait être plus affirmatif ; il y a des *Erlebnis* déterminées, à l'origine des névroses. Plus loin, Freud ajoute : « Ce trauma, les malades l'ont bien, il est vrai, chassé de leur conscience et de leur mémoire et se sont épargné en apparence une grande somme de souffrances, mais le désir refoulé continue à subsister dans l'inconscient ; il guette une occasion de se manifester et réapparaît bientôt à la lumière, mais sous un déguisement qui le rend méconnaissable ; en d'autres termes, la pensée

---

4. Joachim Marcus, « Structure familiale et comportements politiques ». *L'autorité dans la famille et dans l'Etat (Revue Française de Psychanalyse,* avril-juin 1949).

refoulée est remplacée dans la conscience par une autre qui lui sert de substitut, d'ersatz, et à laquelle viennent s'attacher toutes les impressions de malaise que l'on croyait écartées par le refoulement. » Ces *Erlebnis* sont refoulées dans l'inconscient.

Dans le cas du Noir, que voyons-nous ? A moins d'utiliser cette donnée vertigineuse — tant elle nous désaxe — de l'*inconscient collectif* de Jung, on ne comprend absolument rien. Un drame chaque jour se joue dans les pays colonisés. Comment expliquer, par exemple, qu'un bachelier nègre, arrivant en Sorbonne afin d'y préparer une licence de philosophie, avant toute organisation conflictuelle autour de lui, soit sur ses gardes ? René Ménil rendait compte de cette réaction en termes hégéliens. Il en faisait « la conséquence de l'instauration dans la conscience des esclaves, à la place de l'esprit « africain » refoulé, d'une instance représentative du Maître, instance instituée au tréfonds de la collectivité et qui doit la surveiller comme une garnison la ville conquise [5] ».

Nous verrons, dans notre chapitre sur Hegel, que René Ménil ne s'est pas trompé. Cependant, nous avons le droit de nous poser la question : comment en expliquer la persistance au XXᵉ siècle, quand il y a par ailleurs identification intégrale au Blanc ? Fréquemment, le nègre qui s'anormalise n'a jamais eu de relations avec le Blanc. Y a-t-il eu expérience ancienne et refoulement dans l'inconscient ? Le jeune enfant noir a-t-il vu son père frappé ou lynché par le Blanc ? Y a-t-il eu traumatisme effectif ? A tout cela, nous répondons : non. Alors ?

Si nous voulons répondre correctement, nous sommes obligé de faire appel à la notion de *catharsis collective*. Dans toute société, dans toute collectivité, existe, doit exister un canal, une porte de sortie par où les énergies accumulées sous forme d'agressivité, puissent être libérées. C'est ce à quoi tendent les jeux dans les Institutions d'enfants, les psychodrames dans les cures collectives et, d'une façon plus générale, les hebdomadaires illus-

5. Citation empruntée à Michel Leiris, « Martinique, Guadeloupe, Haïti » (*Temps Modernes*, février 1950).

trés pour les jeunes, — chaque type de société exigeant, naturellement, une forme de catharsis déterminée. Les histoires de Tarzan, d'explorateurs de douze ans, de Mickey, et tous les journaux illustrés, tendent à un véritable défoulement d'agressivité collective. Ce sont des journaux écrits par des Blancs, destinés à de petits Blancs. Or le drame se situe ici. Aux Antilles, et nous avons tout lieu de penser que la situation est analogue dans les autres colonies, ce sont ces mêmes illustrés qui sont dévorés par les jeunes indigènes. Et le Loup, le Diable, le Mauvais Génie, le Mal, le Sauvage sont toujours représentés par un nègre ou un Indien, et comme il y a toujours identification avec le vainqueur, le petit nègre se fait explorateur, aventurier, missionnaire « qui risque d'être mangé par les méchants nègres » aussi facilement que le petit Blanc. On nous dira que cela n'est pas très important ; mais c'est qu'on n'aura point réfléchi sur le rôle de ces illustrés. Voici ce qu'en dit G. Legman : « A de rares exceptions près, chaque enfant américain âgé en 1938 de six ans a donc maintenant absorbé un strict minimum de dix-huit mille scènes de tortures féroces et de violences sanguinaires... Les Américains sont le seul peuple moderne, à l'exception des Boers, qui, de mémoire d'homme, ont totalement balayé du sol où ils se sont installés la population autochtone [6]. Seule l'Amérique pouvait donc avoir une mauvaise conscience nationale à apaiser en forgeant le mythe du « Bad Injun [7] », pour pouvoir ensuite réintroduire la figure historique de l'honorable Peau-Rouge défendant sans succès son sol contre les envahisseurs armés de bibles et de fusils ; le châtiment que nous méritons ne peut être détourné qu'en niant la responsabilité du mal, en rejetant le blâme sur la victime ; en prouvant — du moins à nos propres yeux — qu'en frappant le premier et l'unique coup nous agissions simplement en état de légitime défense... » Envisageant les répercussions de ces illustrés sur la culture américaine, l'auteur écrit encore : « La question reste ouverte de

---

6. En passant, signalons que les Caraïbes ont subi le même sort, de la part des aventuriers espagnols et français.

7. Déformation péjorative de « Bad Indian ».

savoir si cette fixation maniaque à la violence et à la mort est le substitut d'une sexualité censurée, ou si elle n'aurait pas plutôt pour fonction de canaliser dans la voie laissée libre par la censure sexuelle le désir d'agression des enfants et des adultes contre la structure économique et sociale, qui, avec leur propre consentement pourtant, les pervertit. Dans les deux cas, la cause de la perversion, qu'elle soit d'ordre sexuel ou économique, est essentielle ; c'est pourquoi, tant que nous ne serons pas capables de nous en prendre à ces refoulements fondamentaux, toute attaque dirigée contre de simples procédés d'évasion tels que les *comic books* restera futile [8]. »

Aux Antilles, le jeune Noir, qui à l'école ne cesse de répéter « nos pères, les Gaulois [9] », s'identifie à l'explorateur, au civilisateur, au Blanc qui apporte la vérité aux sauvages, une vérité toute blanche. Il y a identification, c'est-à-dire que le jeune Noir adopte subjectivement une attitude de Blanc. Il charge le héros, qui est Blanc, de toute son agressivité, — laquelle, à cet âge, s'apparente étroitement à l'oblativité : une oblativité chargée de sadisme. Un enfant de huit ans offrant quelque chose, même à une grande personne, ne saurait tolérer de refus. Peu à peu, on voit se former et cristalliser chez le jeune Antillais une attitude, une habitude de penser et de voir, qui sont essentiellement blanches. Quand, à l'école, il lui arrive de lire des histoires de sauvages, dans des ouvrages blancs, il pense toujours aux Sénégalais. Etant écolier, nous avons pu discuter pendant des heures entières sur les prétendues coutumes des sauvages sénégalais. Il y avait dans nos propos une inconscience pour le moins paradoxale. Mais c'est que l'Antillais ne se pense pas Noir ; il se pense Antillais. Le nègre vit en Afrique. Subjectivement, intellectuellement, l'Antillais se comporte comme un Blanc. Or, c'est un nègre. Cela, il s'en aperce-

8. G. Legman, « Psychopathologie des Comics », traduit par H. Robillot (*Temps Modernes*, nº 43, pp. 916 et suiv.).

9. Comme dans beaucoup de circonstances, c'est le sourire que l'on provoque, quand on rapporte ce trait de l'enseignement en Martinique. On veut bien constater le caractère comique de la chose, mais on ne parle pas de ses conséquences lointaines. Or ce sont elles qui importent, puisque c'est à partir de trois ou quatre de ces phrases que s'élabore la vision du monde chez le jeune Antillais.

vra une fois en Europe, et quand on parlera de nègres il saura qu'il s'agit de lui aussi bien que du Sénégalais. Sur ce point, que pouvons-nous conclure ?

Imposer les mêmes « Mauvais Génies » au Blanc et au Noir constitue une grave erreur d'éducation. Si l'on veut bien entendre le « Mauvais Génie » comme une tentative d'humanisation du « ça », on saisira notre point de vue. En toute rigueur, nous dirons que les comptines subissent la même critique. On s'aperçoit déjà que nous voulons, ni plus ni moins, créer des illustrés destinés spécialement aux Noirs, des chansons pour enfants noirs et, à l'extrême, des ouvrages d'histoire, tout au moins jusqu'au certificat d'études. Car, jusqu'à preuve du contraire, nous estimons que s'il y a traumatisme, il se situe à cette date. Le jeune Antillais est un Français appelé à tout instant à vivre avec des compatriotes blancs. On l'oublie un peu trop souvent.

La famille blanche est le dépositiaire d'une certaine structure. La société est véritablement l'ensemble des familles. La famille est une institution, qui annonce une institution plus vaste : le groupe social ou national. Les axes de référence demeurent les mêmes. La famille blanche est le lieu de préparation et de formation à une vie sociale. « La structure familiale est intériorisée dans le surmoi et projetée dans le comportement politique [social, dirons-nous] » (Marcus).

Le Noir, dans la mesure où il reste chez lui, réalise à peu de choses près le destin du petit Blanc. Mais qu'il aille en Europe, il aura à repenser son sort. Car le nègre en France, dans son pays, se sentira différent des autres. On a vite dit : le nègre s'infériorise. La vérité est qu'on l'inférioris. Le jeune Antillais est un Français appelé à tout instant à vivre avec des compatriotes blancs. Or la famille antillaise n'entretient pratiquement aucun rapport avec la structure nationale, c'est-à-dire française, européenne. L'Antillais doit alors choisir entre sa famille et la société européenne ; autrement dit, l'individu qui *monte* vers la société — la Blanche, la civilisée — tend à rejeter la famille — la Noire, la sauvage — sur le plan de l'imaginaire, en rapport avec les *Erlebnis* infantiles que nous avons décrites précédemment.

Et le schéma de Marcus devient dans ce cas :
           Famille ← Individu → Société
la structure familiale étant rejetée dans le « ça ».

Le nègre s'aperçoit de l'irréalité de beaucoup de propositions qu'il avait faites siennes, en référence à l'attitude subjective du Blanc. Il commence alors son véritable apprentissage. Et la réalité se révèle extrêmement résistante... Mais, nous dira-t-on, vous ne faites que décrire un phénomène universel, — le critère de la virilité étant justement l'adaptation au social. Nous répondrons alors que cette critique porte à faux, car nous avons justement montré que, pour le nègre, il y a un mythe à affronter. Un mythe solidement ancré. Le nègre l'ignore, aussi longtemps que son existence se déroule au milieu des siens ; mais au premier regard blanc, il ressent le poids de sa mélanine [10].

Ensuite, il y a l'inconscient. Le drame racial se déroulant en plein air, le Noir n'a pas le temps de l' « inconsciencer ». Le Blanc, lui, y parvient dans une certaine mesure ; c'est qu'il y a apparition d'un nouvel élément : la culpabilité. Le complexe de supériorité des nègres, leur complexe d'infériorité ou leur sentiment égalitaire sont *conscients*. A tout instant, ils les transitent. Ils existent leur drame. Il n'y a pas, chez eux, cette amnésie affective qui caractérise la névrose-type.

Chaque fois que nous avons lu un ouvrage de psychanalyse, discuté avec nos professeurs, conversé avec des malades européens, nous avons été frappé par l'inadéquation entre les schémas correspondants et la réalité que

10. Rappelons à ce propos ce qu'écrivait Sartre : « Certains enfants ont fait, dès l'âge de six ans, le coup de poing contre des camarades d'école qui les appelaient « youpins ». D'autres ont été tenus longtemps dans l'ignorance de leur race. Une jeune fille israélite, dans une famille que je connais, ignora jusqu'à quinze ans le sens même du mot de Juif. Pendant l'occupation, un docteur juif de Fontainebleau, qui vivait enfermé dans sa maison, élevait ses petits-enfants sans leur dire un mot de leur origine. Mais, de quelque façon que ce soit, il faut bien qu'ils apprennent un jour la vérité : quelquefois c'est par les sourires des gens qui les entourent, d'autres fois par une rumeur ou par des insultes. Plus tardive est la découverte, plus violente est la secousse : tout d'un coup ils s'aperçoivent que les autres savaient sur eux quelque chose qu'ils ignoraient, qu'on leur appliquait ce qualificatif louche et inquiétant qui n'est pas employé dans leur famille. » (*Réflexions sur la question juive*, pp. 96-97.)

nous offrait le nègre. Nous en avons progressivement conclu qu'il y a substitution de dialectique quand on passe de la psychologie du Blanc à celle du Noir.

*Les valeurs premières*, dont parle Charles Odier[11], sont différentes chez le Blanc et chez le Noir. L'effort de socialisation ne renvoie pas aux mêmes intentions. Véritablement, nous changeons de monde. Une étude rigoureuse devrait se présenter ainsi :

— interprétation psychanalytique de l'expérience vécue du Noir ;

— interprétation psychanalytique du mythe nègre.

Mais le réel, qui est notre unique recours, nous interdit pareilles opérations. Les faits sont beaucoup plus compliqués. Quels sont-ils ?

Le nègre est un objet phobogène, anxiogène. Depuis la malade de Sérieux et Capgras[12] jusqu'à cette fille qui nous avoue que coucher avec un nègre représente pour elle quelque chose de terrifiant, on rencontre tous les degrés de ce que nous appellerons la négro-phobogénèse. A propos du nègre, on a beaucoup parlé de psychanalyse. Nous méfiant des applications qu'on pouvait en faire[13], nous avons préféré intituler ce chapitre : « Le nègre et la psychopathologie », attendu que ni Freud, ni Adler, ni même le cosmique Jung n'ont pensé aux Noirs, dans le cours de leurs recherches. En quoi ils avaient bien raison. On oublie trop souvent que la névrose n'est pas constitutive de la réalité humaine. Qu'on le veuille ou non, le complexe d'Œdipe n'est pas près de voir le jour chez les nègres. On pourrait nous objecter, avec Malinowski, que le régime matriarcal est seul responsable de cette absence. Mais, outre que nous pourrions nous demander si les ethnologues, imbus de complexes de leur civilisation, ne se sont pas efforcés d'en retrouver la copie chez les peuples par eux étudiés, il nous serait relativement facile de montrer qu'aux Antilles françaises, 97 % des familles sont incapables de donner

---

11. *Les deux sources consciente et inconsciente de la vie morale.*

12. *Les folies raisonnantes*, — cité par Hesnard, *L'univers morbide de la faute*, p. 97.

13. Nous pensons spécialement à l'Amérique ; voir, par exemple, *Je suis un nègre*.

naissance à une névrose œdipienne. Incapacité dont nous nous félicitons hautement [14].

Indépendamment de quelques ratés apparus en milieu clos, nous pouvons dire que toute névrose, tout comportement anormal, tout éréthisme affectif chez un Antillais, est la résultante de la situation culturelle. Autrement dit, il y a une constellation de données, une série de propositions qui, lentement, sournoisement, à la faveur des écrits, des journaux, de l'éducation, des livres scolaires, des affiches, du cinéma, de la radio, pénètrent un individu — en constituant la vision du monde de la collectivité à laquelle il appartient [15]. Aux Antilles, cette vision du monde est blanche parce qu'aucune expression noire n'existe. Le folklore martiniquais est pauvre et, à Fort-de-France, nombreux sont les jeunes qui ignorent les histoires de « Compè Lapin », répliques de l'Oncle Rémus de la Louisiane. Un Européen, par exemple, au courant des manifestations poétiques noires actuelles, serait étonné d'apprendre que jusqu'en 1940 aucun Antillais n'était capable de se penser nègre. C'est seulement avec l'apparition d'Aimé Césaire qu'on a pu voir naître

14. Les psychanalystes hésiteront, sur ce point, à partager notre opinion. Le Dr Lacan, par exemple, parle de la « fécondité » du complexe d'Œdipe. Mais si le jeune enfant doit tuer son père, encore est-il nécessaire que ce dernier accepte de mourir. Nous pensons à Hegel disant : « Le berceau de l'enfant est le tombeau des parents. » A Nicolas Calas (*Foyer d'incendie*) ; à Jean Lacroix (*Force et faiblesses de la famille*).

Le fait qu'il y ait eu un effondrement des valeurs morales en France, après la guerre, résulte peut-être de la défaite de cette personne morale que représente la nation. On sait ce que de tels traumatismes à l'échelle familiale peuvent déterminer.

15. Nous conseillons l'expérience suivante à ceux qui ne seraient pas convaincus : assister à la projection d'un film de Tarzan aux Antilles et en Europe. Aux Antilles, le jeune Noir s'identifie *de facto* à Tarzan contre les nègres. Dans une salle d'Europe, la chose est beaucoup plus difficile, car l'assistance, qui est blanche, l'apparente automatiquement aux sauvages de l'écran. Cette expérience est décisive. Le nègre sent qu'on n'est pas noir impunément. Un documentaire sur l'Afrique, projeté dans une ville française et à Fort-de-France, provoque des réactions analogues. Mieux : nous affirmons que les Boschimans et les Zoulous déclenchent davantage l'hilarité des jeunes Antillais. Il serait intéressant de montrer que dans ce cas cette exagération réactionnelle laisse deviner un soupçon de reconnaissance. En France, le Noir qui voit ce documentaire est littéralement pétrifié. Là il n'y a plus de fuite : il est à la fois Antillais, Boschiman et Zoulou.

une revendication, une assomption de la négritude. La preuve la plus concrète, d'ailleurs, en est cette impression que ressentent les jeunes générations d'étudiants débarquant à Paris : il leur faut quelques semaines pour comprendre que le contact de l'Europe les oblige à poser un certain nombre de problèmes qui jusqu'alors ne les avaient pas effleurés. Et pourtant ces problèmes ne manquent pas d'être visibles [16].

Chaque fois que nous avons discuté avec nos professeurs ou conversé avec des malades européens, nous nous sommes aperçu des différences qui pouvaient exister entre les deux mondes. Nous entretenant dernièrement avec un médecin qui a toujours exercé à Fort-de-France, nous lui fîmes part de nos conclusions ; il surenchérit en nous disant que cela était vrai, non seulement en psychopathologie, mais encore en médecine générale. Ainsi, ajouta-t-il, vous n'avez jamais une typhoïde pure telle que vous l'étudiez dans les traités de médecine ; il y a toujours, greffé là-dessus, un paludisme plus ou moins manifeste. Il serait intéressant d'envisager, par exemple, une description de la schizophrénie vécue par une conscience noire, — si tant est que cette sorte de trouble se retrouve là-bas.

Quel est notre propos ? Tout simplement ceci : quand les nègres abordent le monde blanc, il y a une certaine action sensibilisante. Si la structure psychique se révèle fragile, on assiste à un écroulement du Moi. Le Noir cesse de se comporter en individu *actionnel*. Le but de son action sera Autrui (sous la forme du Blanc), car Autrui seul peut le valoriser. Cela sur le plan éthique : valorisation de soi. Mais il y a autre chose.

Nous avons dit que le nègre était phobogène. Qu'est-ce que la phobie ? Nous répondrons à cette question en nous appuyant sur le dernier ouvrage de Hesnard : « La phobie est une névrose caractérisée par la crainte anxieuse

16. Plus spécialement ils s'aperçoivent que la ligne d'auto-valorisation qui était la leur doit s'inverser. Nous avons vu en effet que l'Antillais qui vient en France conçoit ce voyage comme la dernière étape de sa personnalité. Littéralement nous pouvons dire sans crainte de nous tromper que l'Antillais qui va en France afin de se persuader de sa blancheur y trouve son véritable visage.

d'un objet (au sens le plus large de toute chose extérieure à l'individu) ou, par extension, d'une situation [17]. » Naturellement, cet objet devra revêtir certains aspects. Il faut, dit Hesnard, qu'il éveille la crainte et le dégoût. Mais là nous rencontrons une difficulté. Appliquant à la compréhension de la phobie la méthode génétique, Charles Odier écrit : « Toute angoisse provient d'une certaine insécurité subjective liée à l'absence de la mère [18]. » Cela se passe, dit l'auteur, aux environs de la deuxième année.

Recherchant la structure psychique du phobique, il en arrive à cette conclusion : « Avant de s'en prendre directement aux croyances des adultes, il importe d'analyser dans tous ses éléments la structure infantile dont elles émanent et qu'elles impliquent [19]. » Le choix de l'objet phobogène est donc *surdéterminé*. Cet objet ne sort pas de la nuit du Néant, il a, en une certaine circonstance, provoqué un affect chez le sujet. La phobie est la présence latente de cet affect sur le fond de monde du sujet ; il y a organisation, mise en forme. Car naturellement l'objet n'a pas besoin d'être là, il suffit qu'il *soit* : c'est un possible. Cet objet est doté d'intentions méchantes et de tous les attributs d'une force maléfique [20]. Chez le phobique, il y a priorité de l'affect au mépris de toute pensée rationnelle. Comme on le voit, un phobique est un individu qui obéit aux lois de la prélogique rationnelle et de la prélogique affective : processus de penser et de sentir rappelant l'âge où s'est produit l'accident désécurisant. La difficulté annoncée est la suivante : y a-t-il eu traumatisme désécurisant chez cette jeune femme dont nous parlions tout à l'heure ? Chez la plupart des négrophobes masculins, y a-t-il eu tentative de rapt ? Tentative de fellation ? En toute rigueur, voici ce que nous obtiendrions en appliquant les conclusions analytiques : si un objet très effrayant, comme un agresseur plus ou moins imaginaire, éveille la terreur, c'est aussi par exemple, — car il s'agit le plus souvent d'une femme, — et c'est surtout, une peur mêlée d'horreur sexuelle. Le : « J'ai peur des

17. *L'univers morbide de la faute*, P.U.F., 1949, p. 37.
18. *L'angoisse et la pensée magique*, p. 38.
19. *Ibid.*, p. 65.
20. *Ibid.*, pp. 58 et 78.

hommes » veut dire, lorsqu'on élucide le mobile de l'effroi : parce qu'ils pourraient me faire toutes sortes de choses, mais pas des sévices vulgaires : des sévices sexuels, c'est-à-dire immoraux, déshonorants [21].

« Le simple *contact* suffit à provoquer l'angoisse. Car le contact est en même temps le type schématique même de l'action sexuelle initiale (toucher, attouchements — sexualité) [22]. » Comme nous sommes habitués à tous les artifices qu'emploie le moi pour se défendre, nous savons qu'il faut éviter de prendre à la lettre ses dénégations. Ne sommes-nous pas en présence d'un transitivisme intégral ? Au fond, cette *peur* du viol n'appelle-t-elle pas, justement, le viol ? De même qu'il y a des têtes à claques, ne pourrait-on pas décrire des femmes à viol ? Dans *S'il braille, lâche-le*, Chester Himes décrit bien ce mécanisme. La grosse blonde défaille chaque fois que le nègre approche. Pourtant elle ne craint rien, l'usine étant remplie de Blancs... En conclusion, ils couchent ensemble.

Nous avons pu voir, alors que nous étions militaire, le comportement de femmes blanches, dont trois ou quatre pays d'Europe, en face de Noirs, au cours de soirées dansantes. La plupart du temps, les femmes esquissaient un mouvement de fuite, de retrait, le visage rempli d'une frayeur non feinte. Pourtant les nègres qui les invitaient auraient été incapables, l'eussent-ils voulu, d'entreprendre contre elles quoi que ce soit. Le comportement des femmes en question se comprend nettement sur le plan de l'imaginaire. C'est que la négrophobe n'est en réalité qu'une partenaire sexuelle putative, — tout comme le négrophobe est un homosexuel refoulé.

Vis-à-vis du nègre, en effet, tout se passe sur le plan génital. Il y a quelques années, nous laissions entendre aux amis avec lesquels nous discutions que, d'une façon générale, le Blanc se comporte vis-à-vis du Noir comme un aîné réagit à la naissance d'un frère. Depuis, nous savons qu'en Amérique Richard Sterba le comprend de même. Sur le plan phénoménologique, il y aurait à étudier une double réalité. On a peur du Juif à cause de son

21. Hesnard, *op. cit.*, p. 38.
22. *Ibid.*, p. 40.

potentiel appropriatif. « Ils » sont partout. Les banques, les bourses, le gouvernement en sont infestés. Ils règnent sur tout. Bientôt le pays leur appartiendra. Ils sont reçus aux concours avant les « vrais » Français. Bientôt ils feront la loi chez nous. Dernièrement, un camarade qui prepare l'Ecole d'Administration nous disait : « Tu as beau dire, ils se soutiennent. Par exemple, quand Moch était au pouvoir, le nombre de youpins qui ont été nommés est effarant. » Dans le domaine médical, la situation n'est pas différente. Tout étudiant juif qui est reçu à un concours est un « pistonné ». — Les nègres, eux, ont la puissance sexuelle. Pensez donc ! avec la liberté qu'ils ont, en pleine brousse ! Il paraît qu'ils couchent partout, et à tout moment. Ce sont des génitaux. Ils ont tellement d'enfants qu'ils ne les comptent plus. Méfions-nous, car il nous inonderaient de petits métis.

Décidément, tout va mal...

Le gouvernement et l'Administration assiégés par les Juifs.

Nos femmes par les nègres.

Car le nègre a une puissance sexuelle hallucinante. C'est bien le terme : il faut que cette puissance *soit* hallucinante. Les psychanalystes qui réfléchissent sur la question retrouvent assez rapidement les rouages de toute névrose. L'inquiétude sexuelle est prédominante ici. Toutes les femmes négrophobes que nous avons connues avaient une vie sexuelle anormale. Leur mari les délaissait ; elles étaient veuves, et elles n'osaient pas remplacer le défunt ; divorcées, et elles hésitaient devant un nouvel investissement objectal. Toutes dotaient le nègre de pouvoirs que d'autres (mari, amants épisodiques) ne possédaient pas. Et puis, il intervient un élément de perversité, persistance de la structure infantile : Dieu sait comment il font l'amour ! Ce doit être terrifiant [23]

___

23. Nous retrouvons dans le travail de J. Marcus l'opinion selon laquelle la névrose sociale, ou si l'on préfère le comportement anormal en face de l'Autre quel qu'il soit, entretient des rapports étroits avec la situation individuelle : « Le dépouillement des questionnaires montra que les individus le plus fortement antisémites appartenaient aux structures familiales les plus conflictuelles. Leur antisémitisme était une réaction à des frustrations subies au sein du milieu familial. Ce qui montre bien que les Juifs sont des objets

Il y a une expression qui à la longue s'est singulièrement érotisée : un athlète noir. Il y a là, nous confiait une jeune femme, quelque chose qui vous soulève le cœur. Une prostituée nous disait qu'au début l'idée de coucher avec un nègre lui procurait l'orgasme. Elle les cherchait, évitant de leur réclamer de l'argent. Mais, ajoutait-elle, « coucher avec eux n'était pas plus extraordinaire qu'avec des Blancs. C'est avant l'acte que je parvenais à l'orgasme. Je pensais (imaginais) tout ce qu'ils pourraient me faire : et c'est cela qui était formidable. »

Toujours sur le plan génital, le Blanc qui déteste le Noir n'obéit-il pas à un sentiment d'impuissance ou d'infériorité sexuelle ? L'idéal étant une virilité absolue, n'y aurait-il pas un phénomène de diminution par rapport au Noir, ce dernier perçu comme symbole pénien ? Le lynchage du nègre, ne serait-ce pas une vengeance sexuelle ? Nous savons tout ce que les sévices, les tortures, les coups comportent de sexuel. Qu'on relise quelques pages du marquis de Sade et l'on s'en convaincra aisément. La supériorité du nègre est-elle réelle ? Tout le monde *sait* que non. Mais l'important n'est pas là. La pensée prélogique du phobique a décidé qu'il en était ainsi [24]. Une autre femme avait la phobie du nègre depuis la lecture de *J'irai cracher sur vos tombes*. Nous avons essayé de lui montrer l'irrationalité de sa position en lui faisant remarquer que les victimes blanches étaient aussi morbides que le nègre. De plus avions-nous ajouté, il ne s'agit pas de revendications noires comme le laisserait entendre le titre, puisque Boris Vian en était l'auteur. Nous dûmes constater la vanité de nos efforts. Cette jeune femme ne voulait rien entendre. Quiconque a lu ce livre comprendra aisément quelle ambivalence exprime cette

---

de substitution dans l'antisémitisme, c'est le fait que les mêmes situations familiales engendrent, suivant les circonstances locales, la haine des Noirs, l'anticatholicisme ou l'antisémitisme. On peut donc dire que, contrairement à l'opinion courante, c'est l'attitude qui trouve un contenu et non ce dernier qui crée une attitude. » (*Op. cit.*, p. 282.)

24. Pour demeurer dans l'optique de Ch. Odier, il serait plus exact de dire : « paralogique » : « On pourrait proposer le terme de « paralogique » lorsqu'il s'agit de régression, c'est-à-dire de processus propres à l'adulte. » (*L'angoisse et la pensée magique*, p. 95.)

phobie. — Nous avons connu un étudiant en médecine noir qui n'osait pas faire un toucher vaginal aux malades qui venaient en consultation au service de gynécologie. Il nous avoua un jour avoir entendu cette réflexion d'une consultante : « Il y a un nègre là-dedans. S'il me touche, je le gifle. Avec eux, on ne sait jamais. Il doit avoir de grandes mains et puis il est certainement brutal. »

Si l'on veut comprendre psychanalytiquement la situation raciale, conçue non pas globalement, mais ressentie par des consciences particulières, il faut attacher une grande importance aux phénomènes sexuels. Pour le Juif, on pense à l'argent et à ses dérivés. Pour le nègre, au sexe. L'antisémitisme est susceptible de rationalisation sur le plan foncier. C'est parce que les Juifs s'annexent le pays qu'ils sont dangereux. Récemment, un camarade nous disait que, sans être antisémite, il était obligé de constater que la plupart des Juifs qu'il avait connus pendant la guerre s'étaient comportés en salauds. Nous avons vainement essayé de lui faire admettre qu'il y avait dans cette conclusion la conséquence d'une volonté déterminée de détecter l'essence de Juif partout où elle pouvait se trouver.

Sur le plan clinique, il nous revient l'histoire de cette jeune femme qui présentait un délire du toucher, se lavant sans cesse les mains et les bras depuis le jour où on lui avait présenté un Israélite.

Jean-Paul Sartre ayant étudié magistralement le problème de l'antisémitisme, essayons de voir ce qu'il en est de la négrophobie. Cette phobie se situe sur le plan instinctuel, biologique. A l'extrême, nous dirons que le nègre par son corps gêne la fermeture du schéma postural du Blanc, au moment naturellement où le Noir fait son apparition dans le monde phénoménal du Blanc. Le lieu n'est pas ici de rapporter les conclusions auxquelles nous sommes parvenu en réfléchissant à l'influence sur le corps de l'irruption d'un autre corps. (Supposons, par exemple, un groupe de quatre garçons de quinze ans, sportifs plus ou moins déclarés. Pour le saut en hauteur, l'un d'eux l'emporte avec 1 m 48. Surgisse un cinquième qui franchit 1 m 52, et les quatre corps subissent une déstructu-

ration.) Ce qui nous importe, c'est de montrer qu'avec le
nègre commence le cycle du *biologique*[25].

25. Il y aurait certainement intérêt, en s'appuyant sur la notion lacanienne
du *stade du miroir*, à se demander dans quelle mesure l'*imago* du semblable
édifiée chez le jeune Blanc à l'âge que l'on sait ne subirait pas une agression
imaginaire à l'apparition du Noir. Quand on a compris ce processus décrit
par Lacan, il ne fait plus de doute que le véritable Autrui du Blanc est et
demeure le Noir. Et inversement. Seulement, pour le Blanc, Autrui est perçu
sur le plan de l'image corporelle, absolument comme le non-moi, c'est-à-dire
le non-identifiable, le non-assimilable. Pour le Noir, nous avons montré que
les réalités historiques et économiques entraient en ligne de compte. « La
reconnaissance par le sujet de son image dans le miroir, dit Lacan, est un
phénomène qui pour l'analyse de ce stade est deux fois significatif : le phénomène apparaît après six mois, et son étude à ce moment révèle de façon
démonstrative les tendances qui constituent alors la réalité du sujet ; l'image
spéculaire, en raison même de ces affinités, donne un bon symbole de cette
réalité : de sa valeur affective, illusoire comme l'image, et de sa structure,
comme elle reflet de la forme humaine. » (*Encyclopédie française*, 8-40,
9 et 10.)
Nous verrons que cette découverte est fondamentale : chaque fois que le
sujet apercevra son image et qu'il la saluera, c'est toujours en quelque sorte
« l'unité mentale qui lui est inhérente » qui est acclamée. En pathologie
mentale, par exemple, si l'on considère les délires hallucinatoires ou d'interprétation, on constate que toujours il y a respect de cette image de soi. Autrement dit il y a une certaine harmonie structurale, une totalité de l'individu
et des constructions qu'il transite, à tous les stades de comportement délirant.
Outre qu'on pourrait attribuer cette fidélité aux contenus affectifs, il n'en
demeure pas moins une évidence qu'il serait a-scientifique de méconnaître.
Chaque fois qu'il y a conviction délirante il y a reproduction de soi. C'est
surtout dans la période d'inquiétude et de méfiance qu'ont décrite Dide et
Guiraud que l'autre intervient. Alors il n'est pas étonnant de retrouver le
Noir sous forme de satyre ou d'assassin. Mais à la période de systématisation,
quand s'élabore la certitude, il n'y a plus place pour l'étranger. A l'extrême,
d'ailleurs, nous n'hésiterons pas à dire que le thème du nègre dans certains
délires (quand il n'est pas central) prend place à côté d'autres phénomènes
tels que les zoopsies. Lhermitte a décrit l'émancipation de l'image corporelle. C'est ce qu'en clinique on désigne par le terme d'héautoscopie. La
soudaineté d'apparition de ce phénomène est, dit Lhermitte, excessivement
curieuse. Il se produit même chez les normaux (Gœthe, Taine, etc.). Nous
affirmons que pour l'Antillais l'hallucination spéculaire est toujours neutre.
A ceux qui nous ont dit l'avoir observée chez eux, nous avons posé régulièrement la question : « De quelle couleur étais-tu ? — J'étais sans couleur. »
Mieux, dans les visions hypnagogiques et surtout dans ce que, depuis Duha-
mel, on appelle « salavinisation », le même processus se répète. Ce n'est
pas moi en tant que Noir qui agit, pense ou est acclamé sous des voûtes.
D'ailleurs nous conseillons à ceux que ces conclusions intéressent de lire
quelques compositions françaises d'enfants antillais de dix à quatorze ans.
Au sujet posé : « Impressions avant de partir en vacances », ils répondent
comme de véritables petits Parisiens et l'on retrouve les thèmes suivants :

Il ne viendrait par exemple à l'idée d'aucun antisémite
de castrer le Juif. On le tue ou on le stérilise. Le nègre,

---

« J'aime les vacances, car je pourrai courir à travers les champs, respirer un
bon air et je reviendrai les joues *roses*. » On voit que nous ne nous trompions guère en laissant entendre qu'il y a de la part de l'Antillais méconnaissance de sa qualité de nègre. Nous avions peut-être treize ans lorsqu'il
nous fut donné de voir pour la première fois des Sénégalais. Nous savions
à leur sujet ce que racontaient les vieux de 1914 : « Ils attaquent à la baïonnette et, quand ça ne va pas, coupe-coupe au poing, foncent au travers des
rafales de mitrailleuses... Ils coupent les « cabèches » et font provision
d'oreilles. » Ils étaient de passage à la Martinique, venant de Guyane. Avides
nous cherchions dans les rues leur uniforme, dont on nous avait parlé :
chéchia et ceinturon rouges. Notre père alla jusqu'à en racoler deux qu'il
emmena à la maison, où ils firent les délices de la famille. A l'école la
même situation était entretenue : notre professeur de mathématiques, lieutenant de réserve, et qui commandait en 1914 une unité de tirailleurs sénégalais, nous faisait frémir en nous rappelant : « Quand ils prient il ne faut
pas les troubler, car alors il n'y a plus de lieutenant. Des lions à la bagarre,
mais respectez leurs coutumes. » Que l'on ne s'étonne plus si Mayotte
Capécia se voit blanche et rose dans ses rêves ; nous dirons que la chose est
normale.
On nous objectera peut-être que si pour le Blanc il y a élaboration de
l'*imago* du semblable, un phénomène analogue devrait se produire chez
l'Antillais, la perception visuelle étant le canevas de cette élaboration. Mais
ce serait oublier qu'aux Antilles la perception se situe toujours sur le plan
de l'imaginaire. C'est en termes de Blanc que l'on y perçoit son semblable.
On dira par exemple d'un tel qu'il est « très noir » ; il n'y a rien d'étonnant, au sein d'une famille, à entendre la mère déclarer : « X... est le plus
noir de mes enfants. » C'est-à-dire le moins blanc... Nous ne pouvons que
répéter la réflexion d'une camarade européenne à qui nous parlions de cela :
sur le plan humain, c'est une véritable mystification. Disons-le encore une
fois, c'est en référence à l'essence du Blanc que tout Antillais est appelé à
être perçu par son congénère. Aux Antilles tout comme en France, on rencontre le même mythe ; à Paris on dit : il est noir mais très intelligent ; en
Martinique on ne s'exprime pas autrement. Pendant la guerre, des professeurs
guadeloupéens venaient à Fort-de-France corriger les épreuves du baccalau-
réat et, poussés par notre curiosité, nous allions voir, jusque dans l'hôtel
où il était descendu, M. B..., professeur de philosophie, qui avait la réputation d'être excessivement noir ; comme on dit en Martinique, non sans
quelque ironie, il était « bleu ». Telle famille est très bien vue : « Ils sont
très noirs, mais ils sont tous bien. » Il y a en effet un professeur de piano,
ancien élève du Conservatoire, un professeur de sciences naturelles au lycée
de jeunes filles, etc. Quant au père, qui tous les jours à la nuit tombante
se promenait sur son balcon, à partir d'un certain moment, disait-on, on ne
le voit plus. On racontait que dans une autre famille, à la campagne, lorsque
la nuit venue l'électricité parfois manquait, les enfants devaient rire pour
qu'on pût s'apercevoir de leur présence. Le lundi, très propres dans leur
costume de toile blanche, certains fonctionnaires martiniquais ressemblent,
selon la symbolique locale, « à un pruneau dans un bol de lait ».

lui, est castré. Le pénis, symbole de virilité, est anéanti, c'est-à-dire qu'il est nié. On aperçoit la différence entre les deux attitudes. Le Juif est atteint dans sa personnalité confessionnelle, dans son histoire, dans sa race, dans les rapports qu'il entretient avec ses ancêtres et ses descendants ; dans le Juif qu'on stérilise, on tue la souche ; chaque fois qu'un Juif est persécuté, c'est toute la race qu'on persécute à travers lui. Mais c'est dans sa corporéité que l'on atteint le nègre. C'est en tant que personnalité concrète qu'on le lynche. C'est en tant qu'être actuel qu'il est dangereux. Le péril juif est remplacé par la peur de la puissance sexuelle du nègre. O. Mannoni, dans *Psychologie de la Colonisation*, écrit : « Un argument utilisé partout dans le monde, de la part des racistes contre ceux qui ne partagent pas leurs convictions, mérite d'être mentionné à cause de son caractère révélateur. « Quoi ? disent ces racistes, *si vous aviez une fille à marier, la donneriez-vous à un nègre ?* » J'ai vu des gens qui n'étaient aucunement racistes en apparence, interloqués par ce genre d'argument, perdre tout sens critique. C'est qu'un tel argument touche en eux des sentiments très troubles (exactement *incestueux*), qui poussent au racisme par une réaction de défense [26]. » Avant de continuer, il nous semble important de faire la remarque suivante : en admettant qu'il y ait tendances inconscientes à l'inceste, pourquoi ces tendances se manifesteraient-elles plus spécialement à l'égard du Noir ? En quoi, dans l'absolu, un gendre noir diffère-t-il d'un gendre blanc ? Dans les deux cas, n'y a-t-il pas affleurement des tendances inconscientes ? Pourquoi ne pas penser, par exemple, que le père s'insurge parce que, selon lui, le nègre introduira sa fille dans un univers sexuel dont il ne possède pas la clef, les armes, les attributs ?

Toute acquisition intellectuelle réclame une perte du potentiel sexuel. Le Blanc civilisé garde la nostalgie irrationnelle d'époques extraordinaires de licence sexuelle, de scènes orgiaques, de viols non sanctionnés, d'incestes non réprimés. Ces phantasmes, en un sens, répondent à l'instinct de vie de Freud. Projetant ses intentions chez

---

26. O. Mannoni, *op. cit.*, p. 109.

le nègre, le Blanc se comporte « comme si » le nègre les avait réellement. Quand il s'agit du Juif, le problème est net : on s'en méfie, car il veut posséder les richesses ou s'installer aux postes de commande. Le nègre, lui, est fixé au génital ; ou du moins on l'y a fixé. Deux domaines : l'intellect et le sexuel. Le penseur de Rodin en érection, voilà une image qui choque. On ne peut décemment pas « faire le dur » partout. Le nègre représente le danger biologique. Le Juif, le danger intellectuel.

Avoir la phobie du nègre, c'est avoir peur du biologique. Car le nègre n'est que biologique. Ce sont des bêtes. Ils vivent nus. Et Dieu seul sait... O. Mannoni écrit encore : « Ce besoin de retrouver chez les singes anthropoïdes, chez Caliban ou chez les Noirs, et même chez les Juifs, la figure mythologique des satyres, touche dans l'âme humaine, à une *profondeur* [27] où la pensée est confuse et où l'excitation sexuelle est étrangement liée à l'agressivité et à la violence, des ressorts d'une grande puissance [28]. » L'auteur intègre le Juif dans la gamme. Nous n'y voyons pas d'inconvénient. Mais ici le nègre est maître. C'est le spécialiste de la question : qui dit viol dit nègre.

Pendant trois ou quatre ans, nous avons interrogé environ cinq cents individus de race blanche : Français, Allemands, Anglais, Italiens. Nous profitions d'un certain ton de confidence, d'un laisser-aller, en tout cas nous attendions que nos interlocuteurs n'aient point à craindre de s'ouvrir à nous, c'est-à-dire soient persuadés de ne pas nous vexer. Ou bien, au cours d'associations libres, nous insérions le mot *nègre* parmi une vingtaine d'autres. Près de six dixièmes des réponses se présentaient ainsi :

Nègre = biologique, sexe, fort, sportif, puissant, boxeur, Joe Louis, Jess Owen, tirailleurs sénégalais, sauvage, animal, diable, péché.

Le mot de tirailleur sénégalais évoque ceux de : terrible, sanguinaire, costaud, fort.

Il est intéressant de constater qu'au mot *nègre*, un sur

---

27. Nous verrons, en considérant les réponses fournies par le rêve éveillé, que ces figures mythologiques, « archétypes », sont en effet très profondes dans l'âme humaine. Chaque fois que l'individu descend, on rencontre le nègre, soit concrètement, soit symboliquement.

28. O. Mannoni, *op cit* . p. 109

cinquante répondait : nazi, S. S. ; quand on sait la valeur affective de l'image du S. S., on voit que la différence avec les réponses précédentes est minime. Ajoutons que quelques Européens nous ont aidé et ont posé la question à des camarades : la proportion augmenta sensiblement. Il faut y voir la conséquence de notre qualité de nègre : inconsciemment, il y avait une certaine retenue.

Le nègre symbolise le biologique. D'abord, chez eux, la puberté commence à neuf ans, ils ont des enfant à dix ; ils sont chauds, ils ont le sang fort ; ils sont robustes. Comme nous disait un Blanc dernièrement, avec un peu d'amertume dans la voix : « Vous êtes de forts tempéraments. » C'est une belle race, regardez les tirailleurs... Pendant la guerre, ne les a-t-on pas appelés nos Diables Noirs ?... Mais ils doivent être brutaux... Je ne les vois pas touchant mes épaules de leurs grandes mains. J'en frissonne d'horreur. Sachant bien que dans certains cas il convient de lire à contresens, nous comprenons cette femme si délicate : au fond, ce qu'elle voit fort bien, c'est le robuste nègre martyrisant ses frêles épaules. Il y a, dit Sartre, quand on prononce l'expression « jeune Juive », un fumet imaginaire de viol, de pillage... Inversement, nous pourrions dire qu'il y a dans l'expression « beau Noir » une allusion « possible » à de semblables phénomènes. J'ai toujours été frappé par la rapidité avec laquelle on passe de « beau jeune Noir » à « jeune poulain, étalon ». Dans un film : *Le deuil sied à Electre*, une bonne partie de l'intrigue est basée sur la rivalité sexuelle. Orin reproche à sa sœur Vinnie d'avoir admiré les splendides indigènes nus de l'île d'Amour. Il ne le lui pardonne pas [29].

29. Remarquons toutefois que la situation est ambiguë. Orin jalouse aussi le fiancé de sa sœur. Sur le plan psychanalytique, voici comment se présente l'action : Orin est un abandonnique fixé à la mère et qui est incapable de réaliser un véritable investissement objectal de sa libido. Voir par exemple son comportement vis-à-vis de sa prétendue fiancée. Vinnie, qui, elle, est fixée au père, démontre à Orin que sa mère le trahit. Mais que l'on ne s'y trompe point. C'est en tant qu'instance réquisitoriale (processus introjectionnel) qu'elle agit. Devant l'évidence de la trahison, Orin tue le rival. La mère, réactionnellement, se suicide. La libido d'Orin, qui a besoin d'être investie sur le même mode, s'infléchit vers Vinnie. Vinnie en effet, dans son comportement et même dans son apparaître, se substitue à la mère, De sorte

L'analyse du réel est délicate. Un chercheur peut adopter deux attitudes en face de son sujet. Ou bien il se contente de décrire, à la façon des anatomistes qui sont tous étonnés quand, au milieu d'une description du tibia, on leur demande le nombre de dépressions antépéronnières qu'ils possèdent. C'est que dans leur recherche il n'est jamais question d'eux, mais des autres ; au début de nos études médicales, après quelques séances nauséeuses de dissection, nous priâmes un endurci de nous donner le moyen d'éviter ces malaises. Il nous répondit fort simplement : « Mon cher, fais comme si tu disséquais un chat, et tout ira bien... » — Ou bien, après avoir décrit le réel, il se propose de le changer. En principe, d'ailleurs, l'intention de décrire semble bien impliquer un souci critique et par-là une exigence de dépassement vers quelque solution. La littérature officielle ou anecdotique a créé trop d'histoires de nègres pour qu'on les taise. Mais à les réunir, on n'avance pas dans la véritable tâche qui est d'en montrer le mécanisme. L'essentiel pour nous n'est pas d'accumuler des faits, des comportements, mais de dégager leur sens. Nous pourrions en cela nous réclamer de Jaspers, lorsqu'il écrit : « La compréhension approfondie d'un seul cas nous permet souvent, phénoménologiquement, une application générale à des cas innombrables. Souvent ce qu'on a saisi une fois se retrouve bientôt. Ce qui importe en phénoménologie, c'est moins l'étude de cas innombrables que la compréhension intuitive et profonde de quelques cas particuliers [30]. » La question qui se pose est la suivante : le Blanc peut-il se comporter sainement vis-à-vis du Noir, le Noir peut-il se comporter sainement vis-à-vis du Blanc ?

Pseudo-question, diront certains. Mais quand nous disons que la culture européenne possède une *imago* du

---

que, et c'est là une très belle réalisation du film, c'est un Œdipe incestueux qui est vécu par Orin. Aussi comprend-on qu'Orin ébranle l'air de ses lamentations et de ses reproches à l'annonce du mariage de sa sœur. Mais dans la lutte avec le fiancé c'est le sentiment, l'affectivité qu'il rencontre ; avec le nègre, les splendides indigènes, le conflit se situe sur le plan *génital*, biologique.

30. Karl Jaspers, *Psychopathologie générale*, traduction Kastler et Mendousse, p. 49.

nègre responsable de tous les conflits qui peuvent naître, nous ne dépassons pas le réel. Dans le chapitre sur le langage, nous avons montré qu'à l'écran les nègres reproduisaient fidèlement cette *imago*. Même des écrivains sérieux s'en font les chantres. C'est ainsi que Michel Cournot écrit : « L'épée du Noir est une épée. Quand il a passé ta femme à son fil, elle a senti quelque chose. C'est une révélation. Dans le gouffre qu'ils ont laissé, ta breloque est perdue. A force de ramer, mettrais-tu la chambre en nage, c'est comme si tu chantais. On se dit Adieu... Quatre Noirs membre au clair combleraient une cathédrale. Pour sortir, ils devront attendre le retour à la normale ; et dans cet entrelacis, ce n'est pas une sinécure.

» Pour se mettre à l'aise sans complications, il leur reste le plein air. Mais un dur affront les y guette : celui du palmier, de l'arbre à pain et de tant de fiers tempéraments qui ne débanderaient pas pour un empire, dressés comme ils sont pour l'éternité et à des hauteurs malgré tout malaisément accessibles [31]. »

Quand on lit ce passage une dizaine de fois et qu'on se laisse aller, c'est-à-dire quand on s'abandonne au mouvement des images, on n'aperçoit plus le nègre, mais un membre : le nègre est éclipsé. Il est fait membre. Il *est* pénis. On imagine facilement ce que de pareilles descriptions peuvent provoquer chez une jeune Lyonnaise. De l'horreur ? Du désir ? En tout cas, pas de l'indifférence. Or, quelle est la vérité ? La longueur moyenne du pénis chez le Noir d'Afrique, dit le D$^r$ Palès, dépasse rarement cent vingt millimètres. Testut, dans son *Traité d'anatomie humaine*, indique les mêmes chiffres pour l'Européen. Mais ce sont là des faits qui ne convainquent personne. Le Blanc est persuadé que le nègre est une bête ; si ce n'est pas la longueur du pénis, c'est la puissance sexuelle qui le frappe. Il a besoin, en face de ce « différent de lui », de se défendre. C'est-à-dire de caractériser l'Autre. L'Autre sera le support de ses préoccupations et de ses désirs [32]. La prostituée que nous citions plus haut

---

31. *Martinique*, Collection Métamorphoses, Gallimard, pp. 13-14.

32. Certains auteurs ont essayé, acceptant par-là les préjugés (au sens étymologique), de montrer pourquoi le Blanc comprend mal la vie sexuelle du Noir. C'est ainsi qu'on peut lire dans De Pédrals ce passage qui, exprimant

nous rapportait que sa recherche des nègres datait du jour où on lui avait raconté l'histoire suivante : une femme, un soir qu'elle couchait avec un nègre, perdit la raison ; elle resta folle pendant deux ans, mais, guérie, refusa de coucher avec un autre homme. Elle ne savait pas ce qui avait rendu folle cette femme. Mais, rageusement, elle essayait de reproduire la situation, de retrouver ce secret qui participait de l'ineffable. Il faut comprendre que ce qu'elle voulait c'était une rupture, une dissolution de son être sur le plan sexuel. Chaque expérience qu'elle tentait avec un nègre consolidait ses limites. Ce délire orgasmique lui échappait. Elle ne pouvait le vivre, aussi se vengeait-elle en se jetant dans la spéculation.

À ce propos, il faut mentionner un fait : une Blanche qui a couché avec un nègre accepte difficilement un amant blanc. Du moins est-ce une croyance que nous avons rencontrée surtout chez les hommes : « Qui sait ce qu' « ils » leur donnent ? » En effet, *qui* le sait ? Certainement pas eux. Nous ne pouvons à ce sujet passer sous silence cette remarque d'Etiemble : « La jalousie

------

pourtant la vérité, ne laisse pas moins de côté les causes profondes de « l'opinion » blanche : « L'enfant noir n'éprouve ni surprise ni honte des manifestations génésiques, parce qu'on lui livre ce qu'il tient à en savoir. Il est assez évident, et sans faire davantage appel aux subtilités de la psychanalyse, que cette différence ne peut manquer d'avoir des effets sur la manière de penser, donc d'agir. L'acte sexuel lui étant présenté comme la chose la plus naturelle, la plus recommandable même, en considération du but qu'elle poursuit : la fécondation, l'Africain continuera toujours, sa vie durant, à avoir présente à l'esprit cette notion — tandis que l'Européen sa vie durant conservera inconsciemment un complexe de culpabilité que ni la raison ni l'expérience ne parviendront jamais à faire disparaître tout à fait. De la sorte l'Africain est disposé à ne considérer sa vie sexuelle que comme une branche de sa vie physiologique tout comme le manger, le boire et le dormir... Une conception de cet ordre est exclusive, on l'imagine, des détours auxquels se sont entraînés les esprits européens pour concilier les tendances d'une conscience torturée, d'une raison vacillante et d'un instinct entravé. D'où une différence foncière non point de nature, de constitution, mais de conception, d'où également le fait que l'instinct génésique, privé de l'auréole dont l'entourent les monuments de notre littérature, n'est point du tout dans la vie de l'Africain l'élément dominant qu'il constitue dans la nôtre propre, au contraire des affirmations de *trop d'observateurs disposés à expliquer ce qu'ils ont vu par le seul moyen de l'analyse de soi-même (a)* » (*La vie sexuelle en Afrique noire*, pp. 28-29).

(*a*) Souligné par nous.

raciale incite aux crimes du racisme : pour beaucoup
d'hommes blancs, le Noir est justement cette épée merveilleuse dont transfixées leurs femmes à jamais seraient
transfigurées. Mes services de statistiques ne m'ont point
donné de documents à ce propos. J'ai pourtant connu des
nègres. Des Blanches qui ont connu des Noirs. Des
négresses enfin qui ont connu des Blancs. J'en ai reçu
assez de confidences pour regretter que M. Cournot
revigore de son talent une fable où le Blanc saura
toujours trouver un spécieux argument : inavouable, dou-
teux, deux fois donc efficace [33]. »

Une tâche colossale que l'inventaire du réel. Nous
amassons des faits, nous les commentons, mais à chaque
ligne écrite, à chaque proposition énoncée, nous ressen-
tons une impression d'inachèvement. Dénonçant J.-P. Sartre, Gabriel d'Arbousier écrit : « Cette anthologie qui
met sur le même pied Antillais, Guyannais, Sénégalais et
Malgaches crée une regrettable confusion. Elle pose de
ce fait le problème culturel des pays d'outre-mer en le
détachant de la réalité historique et sociale de chaque
pays, des caractéristiques nationales et des conditions
différentes imposées à chacun d'eux par l'exploitation et
l'oppression impérialistes. Ainsi lorsque Sartre écrit : « Le
Noir, par le simple approfondissement de sa mémoire
d'ancien esclave, affirme que la douleur est le lot des
hommes et qu'elle n'en est pas moins imméritée », se
rend-il compte de ce que cela peut signifier pour un Hova,
un Maure, un Targui, un Peulh ou un Bantou du Congo
ou de la Côte-d'Ivoire [34] ? »

Cette objection est valable. Elle nous atteint aussi. Au
début, nous voulions nous cantonner aux Antilles. Mais
la dialectique, coûte que coûte, reprend le dessus et nous
avons été obligé de *voir* que l'Antillais est avant tout un
Noir. Toutefois, nous ne saurions oublier qu'il y a des
Noirs de nationalité belge, française, anglaise ; il existe
des républiques nègres. Comment prétendre à la saisie
d'une essence quand de tels faits nous requièrent ? La

33. « Sur le *Martinique* de M. Michel Cournot », *Temps Modernes*,
février 1950.
34. Gabriel d'Arbousier, « Une dangereuse mystification : la théorie de
la négritude », *La Nouvelle Critique*, juin 1949.

vérité est que la race nègre est dispersée, qu'elle ne possède plus d'unité. Lors de l'invasion de l'Ethiopie par les forces du Duce, un mouvement de solidarité s'amorça chez les hommes de couleur. Mais si, d'Amérique, un ou deux avions furent envoyés à l'agressé, aucun Noir ne bougea effectivement. Le nègre possède une patrie, prend place dans une Union ou un Commonwealth. Toute description doit se situer sur le plan du phénomène, mais là encore nous sommes renvoyé à des perspectives infinies. Il y a une ambiguïté dans la situation universelle du nègre, qui se résout toutefois dans son existence concrète. Par-là il rejoint en quelque sorte le Juif. Contre les obstacles allégués ci-dessus, nous ferons appel à une évidence : *où qu'il aille, un nègre demeure un nègre.*

Dans certains pays, le Noir a pénétré la culture. Comme nous le laissons entendre ci-dessus, on ne saurait attacher trop d'importance à la façon selon laquelle les enfants blancs prennent contact avec la réalité du nègre. En Amérique, par exemple, le jeune Blanc, même s'il n'habite pas le Sud où il a l'occasion de voir des nègres concrètement, les connaît à travers le mythe de l'oncle Rémus. — En France, on pourrait évoquer *La Case de l'Oncle Tom.* Le petit garçon de Miss Sally et Mars John écoute avec un mélange de crainte et d'admiration les histoires de Brer Rabbitt. Bernard Wolfe fait de cette ambivalence chez le Blanc la dominante de la psychologie blanche américaine. Il va même, en s'appuyant sur la biographie de Joel Chandler Harris, jusqu'à montrer que l'admiration correspond à une certaine identification du Blanc avec le Noir. On sait de quoi il est question dans ces histoires. Frère Lapin entre en lutte avec presque tous les autres animaux de la création et naturellement il est toujours vainqueur. Ces histoires appartiennent à la tradition orale des nègres des plantations. Aussi a-t-on reconnu assez facilement le Noir sous sa livrée extraordinairement ironique et méfiante du lapin. Les Blancs, pour se défendre de leur masochisme inconscient, qui voulait qu'ils s'extasient devant les prouesses du lapin — noir —, ont essayé d'enlever à ces histoires leur potentiel agressif. C'est ainsi qu'ils ont pu se dire que « le Noir fait agir des animaux *comme un ordre inférieur de l'intelligence humaine, celui que le*

*Noir lui-même peut comprendre.* Le Noir se sent naturellement *en contact plus étroit avec les « animaux inférieurs » qu'avec l'homme blanc qui lui est tellement supérieur à tous égards.* D'autres ont, ni plus ni moins, avancé
que ces histoires n'étaient pas des réactions à la condition
faite aux Noirs en Amérique, mais simplement des *survi-
vances africaines.* — Wolfe nous donne la clef de ces inter-
prétations : « De toute évidence, dit-il, Frère Lapin est un
animal parce que le Noir doit être un animal ; le Lapin
est un étranger parce que le Noir doit être marqué comme
étranger jusques aux chromosomes. Depuis le début de
l'esclavage, sa culpabilité démocratique et chrétienne en
tant que propriétaire d'esclaves, conduisait le Sudiste à
définir le Noir comme une bête, un Africain inaltérable
dont le caractère était fixé dans le protoplasma par des
gènes « africains ». Si le Noir se voyait assigner les limbes
humains, ce n'était pas par l'Amérique mais par l'infériorité constitutionnelle de ses ancêtres de la jungle. »
Ainsi le Sudiste refusait de voir dans ces histoires l'agressivité qu'y mettait le Noir. Mais, dit Wolfe, Harris le com-
pilateur était un psychopathe : « Il était particulièrement
apte à ce travail, car il était bourré à craquer d'obsessions
raciales pathologiques en sus de celles qui rongeaient le
Sud et, à un degré moindre, toute l'Amérique blanche...
En vérité, pour Harris aussi bien que pour beaucoup
d'autres Américains blancs, le Noir semblait à tous égards
un négatif de son propre moi anxieux : insouciant,
sociable, éloquent, musculairement détendu, jamais en
proie à l'ennui, ou passif, exhibitionniste sans honte,
dégagé de l'apitoiement sur soi-même dans sa situation de
souffrance concentrée, exubérant... » Mais Harris eut toujours l'impression d'être handicapé. Aussi Wolfe voit-il
en lui un frustré, — mais non pas selon le schéma classique : c'est en son essence que réside l'impossibilité
d'exister sur le mode « naturel » du Noir. On ne le lui
interdit pas : cela lui est impossible. Pas interdit, mais
irréalisable. Et c'est parce que le Blanc se sent frustré
par le Noir, qu'il va lui aussi le frustrer, l'enserrant dans
des interdictions de toutes sortes. Et, là encore, le Blanc
est la proie de son inconscient. Ecoutons toujours Wolfe :
« Les histoires de Rémus sont un monument à l'ambi-

valence du Sud. Harris, l'archétype du Sudiste, recherchait l'amour du Noir et prétendait qu'il l'avait obtenu (le *grin* de Rémus) [35]. Mais il recherchait en même temps la haine du Noir (Frère Lapin), en faisait ses délices, dans une orgie inconsciente de masochisme, — se punissant peut-être bien de n'être pas le Noir, le stéréotype du Noir, le « donateur » prodigue. Ne se peut-il que le Sud blanc, et peut-être la plus grande partie de l'Amérique blanche, agisse souvent de même dans ses rapports avec le Noir ? »

Il y a une quête du Noir, on réclame le Noir, on ne peut pas se passer du Noir, on l'exige, mais on le veut assaisonné d'une certaine façon. Malheureusement, le nègre démonte le système et viole les traités. Le Blanc va-t-il s'insurger ? Non, il s'en accommode. Ce fait, dit Wolfe, explique pourquoi beaucoup d'ouvrages traitant des questions raciales sont des *best sellers* [36]. « Personne certainement n'est *obligé* de consommer des histoires de Noirs faisant l'amour aux Blanches (*Deep are the roots, Strange fruit, Uncle Remus*), de Blancs découvrant qu'ils sont des Noirs (*Kingsblood royal, Lost boundary, Uncle Remus*), de Blancs étranglés par des Noirs (*Native son; If he hollers, let him go, Uncle Remus*)... Nous pouvons empaqueter et exposer sur une grande échelle le *grin* du Noir dans notre culture populaire comme un manteau pour ce masochisme : la caresse sucre l'attaque. Et, comme le montre l'*oncle Remus*, le jeu des races est ici, pour une grande part, inconscient. Le Blanc n'est pas plus conscient de son masochisme lorsqu'il est émoustillé par le contenu subtil du *grin* stéréotypé que le Noir ne l'est de son sadisme quand il convertit le stéréotype en gourdin culturel. Peut-être moins [37]. »

En Amérique, comme on le voit, le nègre crée des histoires où il lui devient possible d'exercer son agressivité ; l'inconscient du Blanc justifie et valorise cette agressivité

35. Le personnage de l'*Oncle Rémus* est une création de Harris. L'introduction de ce vieil esclave doucereux et mélancolique, avec son éternel *grin*, est une des images les plus typiques du Noir américain.

36. Voir aussi les nombreux films noirs des dix dernières années. Pourtant, les producteurs sont tous blancs.

37. Bernard Wolfe, « L'oncle Rémus et son lapin », *Temps Modernes*, n° 43, mai 1949.

en l'infléchissant vers lui, reproduisant ainsi le schéma classique du masochisme[38].

Nous pouvons maintenant poser un jalon. Pour la majorité des Blancs, le Noir représente l'instinct sexuel (non éduqué). Le nègre incarne la puissance génitale au-dessus des morales et des interdictions. Les Blanches, elles, par une véritable induction, aperçoivent régulièrement le nègre à la porte impalpable qui donne sur le royaume des Sabbats, des Bacchanales, des sensations sexuelles hallucinantes... Nous avons montré que le réel infirme toutes ces croyances. Mais cela se place sur le plan de l'imaginaire, en tout cas sur celui d'une paralogique. Le Blanc qui attribue au Noir une influence maléfique régresse sur le plan intellectuel, puisque nous avons montré qu'il percevait à un âge mental de huit ans (illustrés...). N'y a-t-il pas concurremment régression et fixation à des phases prégénitales de l'évolution sexuelle ? Auto-castration ? (Le nègre est appréhendé avec un membre effarant.) Passivité s'expliquant par la reconnaissance de la supériorité du Noir en termes de virilité sexuelle ? On voit le nombre des questions qu'il serait intéressant de poser. Il y a des hommes, par exemple, qui vont dans des « maisons » se faire fouetter par des Noirs ; des homosexuels passifs, qui exigent des partenaires noirs.

Une autre solution serait la suivante : il y a d'abord agressivité sadique vis-à-vis du Noir, puis complexe de culpabilité à cause de la sanction que fait peser sur ce comportement la culture démocratique du pays considéré. Cette agressivité est alors supportée par le Noir, d'où masochisme. Mais, nous dira-t-on, votre schéma est faux : on n'y retrouve pas les éléments du masochisme classique. Peut-être, en effet, cette situation n'est-elle pas classique. En tout cas, c'est la seule façon d'expliquer le comportement masochiste du Blanc.

---

38. Il est habituel en Amérique de s'entendre dire, quand on réclame l'émancipation des Noirs : ils n'attendent que cette occasion pour se jeter sur nos femmes. Comme le Blanc se comporte d'une façon insultante envers le Noir, il se rend compte qu'à la place du Noir il n'aurait aucune pitié pour ses oppresseurs. Aussi n'est-il pas étonnant de le voir s'identifier au nègre : orchestres hot blancs, chanteurs de blues, de spirituals, écrivains blancs rédigeant des romans où le héros nègre formule ses doléances, Blancs se barbouillant de noir.

D'un point de vue heuristique, sans présumer de la réalité, nous aimerions proposer une explication du phantasme : un nègre me viole. Depuis les études d'Hélène Deutsch [39] et de Marie Bonaparte [40], qui ont toutes deux repris et en quelque sorte porté à leur terme ultime les idées de Freud sur la sexualité féminine, nous savons que, alternativement clitoridienne, clitorido-vaginale, puis vaginale pure, la femme — conservant plus ou moins intriquées sa libido conçue comme passive et son agressivité, ayant franchi son double complexe d'Œdipe — arrive, au terme de sa progression biologique et psychologique, à l'assomption de son rôle que réalise l'intégration neuro-psychique. Pourtant, nous ne saurions passer sous silence certains ratés ou certaines fixations.

A la phase clitoridienne correspond un complexe d'Œdipe actif, bien que, selon Marie Bonaparte, il n'y ait pont succession mais coexistence de l'actif et du passif. La désexualisation de l'agressivité chez la fille est moins réussie que chez le garçon [41]. Le clitoris est perçu comme pénis en raccourci, mais, dépassant le concret, la fille ne retient que la qualité. C'est en termes qualitatifs qu'elle appréhende le réel. Comme chez le petit garçon existe-ront en elle des pulsions dirigées vers la mère ; elle aussi voudrait éventrer la mère.

Or nous nous demandons si, à côté de la réalisation définitive de la féminité, il n'y aurait pas persistance de ce fantasme infantile. « Une trop vive aversion des jeux brutaux de l'homme, chez une femme, est d'ailleurs suspect stigmate de protestation mâle et de bi-sexualité excessive. Une telle femme a des chances d'être une cli-toridienne [42]. » Voici ce que nous en pensons. D'abord la petite fille voit battre un enfant rival par le père, libidinal agressif. A ce stade (cinq à neuf ans), le père, maintenant le pôle libidinal, refuse en quelque sorte d'assumer l'agres-sivité que l'inconscient de la petite fille exige de lui. A ce moment, cette agressivité libérée, sans support, réclame

39. *Psychology of women.*

40. *De la sexualité de la femme.*

41. Marie Bonaparte, « De la sexualité de la femme », *Revue française de Psychanalyse*, avril-juin 1949.

42. *Ibid.*, p. 180.

un investissement. Comme c'est à cet âge que l'enfant pénètre le folklore et la culture sous la forme que l'on sait, le nègre devient le dépositaire prédestiné de cette agressivité. Si nous pénétrons davantage dans le labyrinthe, nous constatons : quand la femme vit le phantasme de viol par un nègre, c'est en quelque sorte la réalisation d'un rêve personnel, d'un souhait intime. Réalisant le phénomène du retournement contre soi, c'est la femme qui se viole. Nous en trouvons la preuve certaine dans le fait qu'il n'est pas étonnant que les femmes, au cours du coït, disent au partenaire : « Fais-moi mal. » Elles ne font qu'exprimer cette idée : fais-moi mal comme je me (le) ferais si j'étais à ta place. Le phantasme du viol par le nègre est une variante de cette représentation : « Je souhaite que le nègre m'éventre comme moi je l'aurais fait d'une femme. » Admettant nos conclusions sur la psychosexualité de la femme blanche, on pourrait nous demander celles que nous proposerions pour la femme de couleur. Nous n'en savons rien. Ce que nous pouvons avancer tout au moins, c'est que, pour beaucoup d'Antillaises, que nous appellerons les juxta-Blanches, l'agresseur est représenté par le Sénégalais-type, ou en tout cas par un inférieur (considéré comme tel).

Le nègre est le génital. Toute l'histoire est-elle là ? Malheureusement non. Le nègre est autre chose. Ici encore, nous rencontrons le Juif. Le sexe nous départage, mais nous avons un point commun. Tous deux nous représentons le Mal. Le Noir davantage, pour la bonne raison qu'il est noir. Ne dit-on pas, dans la symbolique, la Blanche Justice, la Blanche Vérité, la Blanche Vierge ? Nous avons connu un Antillais qui, parlant d'un autre, disait : « Son corps est noir, sa langue est noire, son âme aussi doit être noire. » Cette logique, le Blanc la réalise quotidiennement. Le Noir est le symbole du Mal et du Laid.

M. Henri Baruk, dans son nouveau précis de psychiatrie [43], décrit ce qu'il appelle les psychoses antisémites.

« Chez un de nos malades, la grossièreté et l'obscénité du délire dépassait tout ce que la langue française peut contenir et présentait par sa forme des allusions évidentes

43. Masson, 1950, p. 371.

et pédérastiques [44] dont le sujet détournait la honte intime en la transférant sur le bouc émissaire des Juifs sur qui il appelait le massacre. Un autre malade, atteint d'une bouffée délirante favorisée par les événements de 1940, présente un brusque délire d'interprétation antisémite si violent que se trouvant un jour dans un hôtel, et soupçonnant que le voyageur de la chambre voisine était un Juif, il se précipita la nuit dans sa chambre pour l'assommer...

» Un autre malade, de constitution physique souffreteuse, atteint de colite chronique, était humilié de sa mauvaise santé et finalement l'avait attribuée à un empoisonnement par un « bouillon bactérien » qui lui aurait été donné par des infirmiers d'un établissement où il était précédemment, — infirmiers anticléricaux et communistes, disait-il, qui avaient voulu le punir pour ses opinions et ses convictions catholiques. Arrivé dans notre service, échappé à un « personnel syndicaliste », il se crut tombé de Charybde en Scylla, puisqu'il se trouvait entre les mains d'un Juif. Ce Juif ne pouvait être que, par définition, un bandit, un monstre, un homme capable de tous les crimes. »

Ce Juif, en face de cette montée d'agressivité, devra prendre position. C'est toute l'ambiguïté que décrit Sartre. Certaines pages de *Réflexions sur la question juive* sont les plus belles que nous ayons jamais lues. Les plus belles, parce que le problème qu'elles expriment nous prend aux entrailles [45].

---

44. Mentionnons rapidement qu'il ne nous a pas été donné de constater la présence manifeste de pédérastie en Martinique. Il faut y voir la conséquence de l'absence de l'Œdipe aux Antilles. On connaît en effet le schéma de l'homosexualité. Rappelons toutefois l'existence de ce qu'on appelle là-bas « des hommes habillés en dames » ou « Ma Commère ». Ils ont la plupart du temps une veste et une jupe. Mais nous restons persuadé qu'ils ont une vie sexuelle normale. Ils prennent le punch comme n'importe quel gaillard et ne sont pas insensibles aux charmes des femmes, — marchandes de poissons, de légumes. Par contre en Europe nous avons trouvé quelques camarades qui sont devenus pédérastes, toujours passifs. Mais ce n'était point là homosexualité névrotique, c'était pour eux un expédient comme pour d'autres celui de souteneur.

45. Nous pensons plus spécialement à ce passage : « Tel est donc cet homme, traqué, condamné à se choisir sur la base de faux problèmes et dans une situation fausse, privé du sens métaphysique par l'hostilité mena-

Le Juif, authentique ou inauthentique, tombe sous le coup du « salaud ». La situation est telle que tout ce qu'il fait est appelé à se retourner contre lui. Car naturellement le Juif se choisit, et il lui arrive d'oublier sa juiverie, ou de la cacher, de s'en cacher. C'est qu'il admet alors pour valable le système de l'aryen. Il y a le Bien et le Mal. Le Mal est juif. Tout ce qui est juif est laid. Ne soyons plus juifs. Je ne suis plus juif. A bas les Juifs. — En l'occurrence, ce sont les plus agressifs. Tel ce malade de Baruk atteint de délire de persécution, qui, l'apercevant un jour porteur de l'étoile jaune, le toisa en s'écriant avec mépris : « Eh bien ! moi, monsieur, je suis français. » Et celle-ci : « En traitement dans le service de notre collègue, le D$^r$ Daday, se trouvant dans un pavillon où une de ses coreligionnaires a été l'objet de moqueries et de réflexions désagréables de la part d'autres malades. Une malade non juive a pris sa défense. La première malade traite alors celle qui a pris la défense des Juifs avec mépris et lui lance à la tête toutes les calomnies antisémites en demandant qu'on la débarrasse de cette Juive [46]. »

On a ici un bel exemple de phénomène réactionnel. Le Juif, pour réagir contre l'antisémitisme, se fait antisémite. C'est ce que montre Sartre dans *Le Sursis*, où Birnenschatz arrive à vivre son reniement avec une intensité

---

çante de la Société qui l'entoure, acculé à un rationalisme de désespoir. Sa vie n'est qu'une longue fuite devant les autres et devant lui-même, on lui a aliéné jusqu'à son propre corps, on a coupé en deux sa vie affective, on l'a réduit à poursuivre dans un monde qui le rejette le rêve impossible d'une fraternité universelle. A qui la faute ? Ce sont nos yeux qui lui renvoient l'image inacceptable qu'il veut se dissimuler. Ce sont nos paroles et nos gestes — *toutes* nos paroles et *tous* nos gestes, notre antisémitisme, mais tout aussi bien notre libéralisme condescendant — qui l'ont empoisonné jusqu'aux moelles ; c'est nous qui le contraignons à se choisir juif, *soit qu'il se fuie, soit qu'il se revendique*, c'est nous qui l'avons acculé au dilemme de l'inauthenticité ou de l'authenticité... Cette espèce d'hommes, qui *témoigne de l'homme* plus que toutes les autres, parce qu'elle est née de réactions secondaires à l'intérieur de l'humanité, cette quintessence d'homme disgraciée, déracinée, originellement vouée à l'inauthenticité ou au martyre. Il n'est pas un de nous qui ne soit, en cette circonstance, totalement coupable et même criminel ; le sang juif que les nazis ont versé retombe sur toutes nos têtes » (pp. 177-178).

46. Baruk, *op. cit.*, pp. 372-373.

qui frise le délire. Nous verrons que le mot n'est pas trop fort. Les Américains qui viennent à Paris s'étonnent d'y voir tant de Blanches en compagnie de Noirs. A New York, Simone de Beauvoir, se promenant avec Richard Wright, se fait rappeler à l'ordre par une vieille dame. Sartre disait : ici c'est le Juif, ailleurs c'est le nègre. Ce qu'il faut, c'est un bouc émissaire. Baruk ne dit pas autre chose : « La délivrance des complexes de haine ne sera obtenue que si l'humanité sait renoncer au complexe du bouc émissaire. »

La Faute, la Culpabilité, le refus de cette culpabilité, la paranoïa, on se retrouve en terrain homosexuel. En résumé, ce que d'autres ont décrit dans le cas des Juifs s'applique parfaitement au nègre [47].

Bien-Mal, Beau-Laid, Blanc-Noir : tels sont les couples caractéristiques du phénomène que, reprenant une expression de Dide et Guiraud, nous appellerons « manichéisme délirant [48] ».

Ne voir qu'un type de nègre, assimiler l'antisémitisme à la négrophobie, telles semblent être les erreurs d'analyse commises ici. Quelqu'un à qui nous parlions de notre travail nous demanda ce que nous en attendions. Depuis l'étude décisive de Sartre, *Qu'est-ce que la littérature ?* (*Situations II*), la littérature s'engage de plus en plus dans sa seule tâche vraiment *actuelle*, qui est de faire passer la collectivité à la réflexion et à la médiation : ce travail voudrait être un miroir à infra-structure progressive, où pourrait se retrouver le nègre en voie de désaliénation.

Quand il n'y a plus le « minimum humain », il n'y a pas de culture. Il m'importe peu de savoir que le « Muntu est Force » chez les Bantous [49], — ou du moins cela aurait pu m'intéresser, n'étaient certains détails qui me gênent. Que signifient les méditations sur l'ontologie bantoue,

47. C'est ainsi que Marie Bonaparte écrit : « Les antisémites projettent sur le Juif, attribuent au Juif tous leurs mauvais instincts plus ou moins inconscients... Ainsi, en s'en déchargeant sur son dos, ils s'en lavent eux-mêmes et apparaissent à leurs propres yeux tout rayonnants de pureté. Le Juif se prête ainsi à merveille à être une projection du Diable... Les nègres en Amérique assument aussi une telle fonction de fixation... » (*Mythes de guerre*, p. 145, n° 1).

48. *Psychiatrie du médecin praticien*, Masson, 1922, p. 164.

49. R. P. Tempels, *La philosophie bantoue*.

quand on lit par ailleurs : « Lorsque soixante-quinze mille mineurs noirs se sont mis en grève en 1946, la police d'Etat les a contraints à coups de fusil et à coups de baïonnette à reprendre le travail. Il y a eu vingt-cinq morts, des milliers de blessés.

» Smuts était à cette époque à la tête du gouvernement et délégué à la Conférence de la Paix. Dans les fermes blanches, les travailleurs noirs vivent presque comme des serfs. Ils peuvent emmener leurs familles, mais aucun homme ne peut quitter la ferme sans l'autorisation de son maître. S'il le fait, la police en est avertie, il est ramené de force et fouetté...

» En vertu de l'*Acte sur l'Administration indigène*, le gouverneur général, en tant que chef suprême, a des pouvoirs autocratiques sur les Africains. Il peut, par proclamation, arrêter et détenir tout Africain jugé dangereux pour la tranquillité publique. Il peut interdire dans n'importe quel secteur indigène les rassemblements de plus de dix personnes. Il n'y a pas d'*Habeas Corpus* pour les Africains. A n'importe quel moment sont opérées des arrestations en masse sans mandat.

» Les populations non blanches de l'Afrique du Sud sont dans une impasse. Toutes les formes modernes de l'esclavage les empêchent d'échapper à ce fléau. Pour l'Africain en particulier, la société blanche a brisé son ancien monde sans lui en donner un nouveau. Elle a détruit les bases tribales traditionnelles de son existence et barre la route de l'avenir après avoir fermé la route du passé...

» L'*apartheid* prétend lui interdire (au nègre) de participer à l'histoire moderne en tant que force indépendante et libre [50]. »

Nous nous excusons de ce long extrait, mais il permet de rendre évidentes quelques possibilités d'erreurs noires. Alioune Diop, par exemple, dans son introduction à *La philosophie bantoue*, remarque que l'ontologie bantoue ne connaît pas cette misère métaphysique de l'Europe. L'inférence qu'il en tire est toutefois dangereuse : « La double

50. I. R. Skine, « Apartheid en Afrique du Sud », *Temps Modernes*, juillet 1950.

question qui se pose est de savoir si le génie noir doit cultiver ce qui fait son originalité, cette jeunesse de l'âme, ce respect inné de l'homme et du créé, cette joie de vivre, cette paix qui est non point défiguration de l'homme imposée et subie par hygiène morale, mais harmonie naturelle avec la majesté heureuse de la vie... On se demande aussi ce que le Noir peut apporter au monde moderne... Ce que nous pouvons dire, c'est que la notion même de culture conçue comme volonté révolutionnaire est contraire à notre génie comme la notion même de progrès. Le progrès n'eût hanté notre conscience que si nous avions quelques griefs contre la vie, donnée naturelle. » Attention ! Il ne s'agit pas de retrouver l'Etre dans la pensée bantoue, quand l'existence des Bantous se situe sur le plan du non-être, de l'impondérable [51]. Bien sûr, la philosophie bantoue ne se laisse pas comprendre à partir d'une volonté révolutionnaire : mais c'est justement dans la mesure où, la société bantoue étant fermée, on n'y trouve pas cette substitution de l'exploitant aux relations ontologiques des Forces. Or, nous savons que la société bantoue n'existe plus. Et la ségrégation n'a rien d'ontologique. Assez de ce scandale.

Depuis quelque temps, on parle beaucoup du nègre. Un peu trop. Le nègre voudrait qu'on l'oublie, afin de regrouper ses forces, ses authentiques forces.

Un jour il a dit : « Ma négritude n'est ni une tour... »

Et l'on est venu l'helléniser, l'orphéiser... ce nègre qui recherche l'universel. Il recherche l'universel ! Mais en juin 1950, les hôtels parisiens refusaient de loger des pèlerins noirs. Pourquoi ? Tout simplement parce que les clients anglo-saxons (qui sont riches et négrophobes, comme chacun sait) risquaient de déménager.

Le nègre vise l'universel, mais, à l'écran, on maintient intacte son essence nègre, sa « nature » nègre :

> « toujours serviteur
> toujours obséquieux et souriant
> moi, jamais voler, jamais mentir
> éternellement y a bon banania... »

51. Voir par exemple : *Pleure, ô pays bien-aimé*, de Alan Paton.

Le nègre s'universalise, mais au lycée Saint-Louis, à Paris, on en balance un : a eu l'impudence de lire Engels.

Il y a là un drame, et les intellectuels noirs risquent de s'y engluer.

Comment ? J'ai à peine ouvert les yeux qu'on avait bâillonnés, et déjà l'on veut me noyer dans l'universel ? Et les autres ? Ceux qui n'ont « point de bouche », ceux qui n'ont « point de voix »... J'ai besoin de me perdre dans ma négritude, de voir les cendres, les ségrégations, les répressions, les viols, les discriminations, les boycottages. Nous avons besoin de toucher du doigt toutes les plaies qui zèbrent la livrée noire.

L'on voit déjà Alioune Diop se demander quelle sera la position du génie noir dans le chœur universel. Or, nous disons qu'une véritable culture ne peut naître dans les conditions actuelles. On parlera de génie noir quand l'homme aura retrouvé sa véritable place.

Encore une fois, nous ferons appel à Césaire ; nous voudrions que beaucoup d'intellectuels noirs s'en inspirent. Il faut qu'à moi aussi je me répète : « Et surtout, mon corps, aussi bien que mon âme, gardez-vous de vous croiser les bras en l'attitude stérile du spectateur, car la vie n'est pas un spectacle, car une mer de douleurs n'est pas un proscénium, car un homme qui crie n'est pas un ours qui danse... »

Continuant à inventorier le réel, m'efforçant de déterminer le moment de la cristallisation symbolique, je me suis trouvé tout naturellement aux portes de la psychologie jungienne. La civilisation européenne se caractérise par la présence, au sein de ce que Jung appelle l'Inconscient collectif, d'un archétype : expression des mauvais instincts, de l'obscur inhérent à tout Moi, du sauvage non civilisé, du nègre qui sommeille chez tout Blanc. Et Jung affirme avoir constaté chez les peuples non civilisés la même structure psychique que reproduit son diagramme. Personnellement, je pense que Jung s'est abusé. D'ailleurs, tous les peuples qu'il a connus — Indiens Pueblos de l'Arizona ou nègres du Kenya en A. O. britannique — ont eu des contacts plus ou moins traumatiques avec les Blancs. Nous avons dit, plus haut, que, dans ses salavinisations, le jeune Antillais n'est jamais noir ; et nous avons tenté de montrer à quoi correspond ce phénomène. Jung situe l'inconscient collectif dans la substance cérébrale héritée. Mais l'inconscient collectif, sans qu'il soit besoin de recourir aux gènes, est tout simplement l'ensemble de préjugés, de mythes, d'attitudes collectives d'un groupe déterminé. Il est entendu, par exemple, que les Juifs qui se sont installés en Israël donneront naissance en moins de cent ans à un inconscient collectif différent de celui qui était le leur en 1945 dans les pays d'où ils ont été expulsés.

Sur le plan de la discussion philosophique, on soulèverait ici le vieux problème de l'instinct et de l'habitude : l'instinct, qui est inné (on sait ce qu'il faut penser de cette « innéité »), invariable, spécifique ; l'habitude, qui est acquise. Il y aurait sur ce plan tout simplement à démontrer que Jung confond instinct et habitude. Selon lui, en effet, l'inconscient collectif est solidaire de la structure cérébrale, les mythes et archétypes sont des engrammes permanents de l'espèce. Nous espérons avoir montré qu'il n'en est rien et qu'en fait cet inconscient collectif est culturel, c'est-à-dire acquis. De même qu'un jeune campagnard des Carpathes, dans les conditions physico-chimiques de la région, verra apparaître chez lui un myxœdème, de même un nègre comme René Maran, ayant vécu en France, respiré, ingéré les mythes et préjugés de l'Europe raciste, assimilé l'inconscient collectif de cette Europe, ne pourra, s'il se dédouble, que constater sa haine du nègre. Il faut aller doucement, et c'est un drame que de devoir exposer petit à petit des mécanismes qui s'offrent dans leur totalité. Pourra-t-on comprendre cette proposition ? *En Europe, le Mal est représenté par le Noir.* Il faut aller doucement, nous le savons, mais c'est difficile. Le bourreau c'est l'homme noir, Satan est noir, on parle de ténèbres, quand on est sale on est noir, — que cela s'applique à la saleté physique ou à la saleté morale. On serait surpris, si on prenait la peine de les réunir, du très grand nombre d'expressions qui font du Noir le péché. En Europe, le nègre, soit concrètement, soit symboliquement, représente le côté mauvais de la personnalité. Tant qu'on n'aura pas compris cette proposition, on se condamnera à parler vainement sur le « problème noir ». Le noir, l'obscur, l'ombre, les ténèbres, la nuit, les labyrinthes de la terre, les profondeurs abyssales, noircir la réputation de quelqu'un ; et de l'autre côté : le regard clair de l'innocence, la blanche colombe de la paix, la lumière féerique, paradisiaque. Un magnifique enfant blond, que de paix dans cette expression, que de joie et surtout que d'espoir ! Rien de comparable avec un magnifique enfant noir : littéralement, c'est une chose tout à fait insolite. Je ne vais tout de même pas revenir sur les histoires d'anges noirs. En Europe, c'est-à-dire dans tous les pays civilisés et civilisateurs, le nègre symbolise le péché. L'archétype des valeurs inférieures est représenté par le nègre. Et c'est précisément la même antinomie qu'on retrouve dans le *rêve éveillé* de Desoille. Comment expliquer, par exemple, que l'inconscient représentant les qualités basses et inférieures soit coloré en noir ? Chez Desoille, où, sans jeu de mots, la situation est plus claire, il s'agit toujours de descendre ou de monter. Quand je descends, je vois des cavernes, des grottes où dansent des sauvages. Surtout, que l'on ne s'y trompe pas. Par exemple, dans l'une des séances de rêve éveillé que nous communique Desoille, nous rencontrons des Gaulois dans une caverne. Mais, faut-il le dire, le Gaulois est bonasse... Un Gaulois dans une caverne, ça a comme un air de famille, — conséquence, peut-être, de « nos pères les Gaulois »... Je crois qu'il faut redevenir enfant pour comprendre certaines réalités psychiques. C'est en quoi Jung est un novateur : il veut aller à la jeunesse du monde. Mais il se trompe singulièrement : il ne va qu'à la jeunesse de l'Europe.

Il s'est élaboré au plus profond de l'inconscient européen un croissant excessivement noir, où sommeillent les pulsions les plus immorales, les désirs les moins avouables. Et comme tout homme monte vers la blancheur et la lumière, l'Européen a voulu rejeter ce non-civilisé qui tentait de se défendre. Quand la civilisation européenne se trouva en contact avec le monde noir, avec ces peuples de sauvages, tout le monde fut d'accord : ces nègres étaient le principe du mal.

Jung assimile régulièrement étranger à obscurité, à mauvais penchant : il a parfaitement raison. Ce mécanisme de projection, ou, si l'on préfère, de transitivisme, a été décrit par la psychanalyse classique. Dans la mesure où je découvre en moi quelque chose d'insolite, de répréhensible, je n'ai plus qu'une solution : m'en débarrasser, en attribuer la paternité à l'autre. Ainsi je mets fin à un circuit tensionnel qui risquait de compromettre mon équilibre. Dans le rêve éveillé, il faut faire attention, lors des premières séances, car il n'est pas bon que la descente s'amorce trop vite. Il faut que les rouages de sublimation soient connus du sujet avant tout contact avec l'inconscient. Si, à la première séance, il apparaît un nègre, il faut tout de suite s'en débarrasser ; pour cela, proposez à votre sujet un escalier, une corde, ou invitez-le à se laisser emporter sur une hélice. Le nègre, immanquablement, reste dans son trou. En Europe, le nègre a une fonction : celle de représenter les sentiments inférieurs, les mauvais penchants, le côté obscur de l'âme. Dans l'inconscient collectif de l'*homo occidentalis*, le nègre, ou, si l'on préfère, la couleur noire, symbolise le mal, le péché, la misère, la mort, la guerre, la famine. Tous les oiseaux de proie sont noirs. En Martinique, qui est un pays européen par son inconscient collectif, on dit, quand un nègre « bleu » vous fait une visite : « Quel malheur amène-t-il ? »

L'inconscient collectif n'est pas dépendant d'un héritage cérébral : il est la conséquence de ce que j'appellerai l'imposition culturelle irréfléchie. Rien d'étonnant, donc, à ce qu'un Antillais, soumis à la méthode du rêve éveillé, revive les mêmes phantasmes qu'un Européen. C'est que l'Antillais a le même inconscient collectif que l'Européen.

Si l'on a compris ce qui précède, on est à même d'énoncer la conclusion suivante : il est normal que l'Antillais soit négrophobe. Par l'inconscient collectif, l'Antillais a fait siens tous les archétypes de l'Européen. L'*anima* du nègre antillais est presque toujours une Blanche. De même, l'*animus* des Antillais est toujours un Blanc. C'est que chez Anatole France, Balzac, Bazin ou tel autre de « nos » romanciers, il n'est fait mention ni de cette femme noire vaporeuse et pourtant présente ni du sombre Apollon aux yeux étincelants... Mais je suis trahi, j'ai parlé d'Apollon ! Rien à faire : je suis un Blanc. Or, inconsciemment, je me méfie de ce qui est noir en moi, c'est-à-dire de la totalité de mon être.

Je suis un nègre — mais naturellement je ne le sais pas, puisque je le suis. A la maison ma mère me chante, en français, des romances françaises où il n'est jamais question de nègres. Quand je désobéis, quand je fais trop de bruit, on me dit de ne pas « faire le nègre ».

Un peu plus tard, nous lisons des livres blancs et nous assimilons petit à petit les préjugés, les mythes, le folklore qui nous viennent d'Europe. Mais nous n'accepterons pas tout, certains préjugés n'étant pas applicables aux Antilles. L'antisémitisme, par exemple, n'existe pas, car il n'y a pas de Juifs, ou si peu. Sans faire appel à la notion de catharsis collective, il me serait facile de montrer que le nègre, irréflexivement, se choisit objet susceptible de porter le péché originel. Pour ce rôle, le Blanc choisit le Noir, et le Noir qui est un Blanc choisit aussi le Noir. Le Noir antillais est esclave de cette imposition culturelle. Après avoir été esclave du Blanc, il s'auto-esclavagise. Le nègre est, dans toute l'acception du terme, une victime de la civilisation blanche. Rien d'étonnant à ce que les créations artistiques des poètes antillais ne portent pas d'empreinte spécifique : ce sont des Blancs. Pour revenir à la psychopathologie, disons que le nègre vit une ambiguïté qui est extraordinairement névrotique. A vingt ans, c'est-à-dire au moment où l'inconscient collectif est plus ou moins perdu, ou du moins difficile à ramener au niveau du conscient, l'Antillais s'aperçoit qu'il vit dans l'erreur. Pourquoi cela ? Tout simplement parce que, et ceci est très important, l'Antillais s'est connu comme nègre, mais, par un glissement éthique, il s'est aperçu (inconscient collectif) qu'on était nègre dans la mesure où l'on était mauvais, veule, méchant, instinctif. Tout ce qui s'opposait à ces manières d'être nègre était blanc. Il faut voir là l'origine de la négrophobie de l'Antillais. Dans l'inconscient collectif, noir = laid, péché, ténèbres, immoral. Autrement dit : est nègre celui qui est immoral. Si dans ma vie je me comporte en homme moral, je ne suis point un nègre. D'où, en Martinique, l'habitude de dire d'un mauvais Blanc qu'il a une âme de nègre. La couleur n'est rien, je ne la vois même pas, je ne connais qu'une chose, c'est la pureté de ma conscience et la blancheur de mon âme. « Moi blanc comme neige », disait l'autre.

L'imposition culturelle s'exerce facilement en Martinique. Le glissement éthique ne rencontre pas d'obstacle. Mais le véritable Blanc m'attend. Il me dira à la première occasion qu'il ne suffit pas que l'intention soit blanche, mais qu'il faut réaliser une totalité blanche. C'est à ce moment seulement que je prendrai conscience de la trahison. — Concluons. Un Antillais est blanc par l'inconscient collectif, par une grande partie de l'inconscient personnel et par la presque totalité de son processus d'individuation. La couleur de sa peau, dont il n'est pas fait mention chez Jung, est noire. Toutes les incompréhensions procèdent de ce quiproquo.

Alors qu'il était en France, préparant sa licence de lettres, Césaire « retrouva sa lâcheté ». Il sut que c'était une lâcheté, mais il ne put jamais dire pourquoi. Il sentit que c'était absurde, idiot, je dirai même malsain, mais dans aucun de ses écrits on ne trouve les mécanismes de cette lâcheté. C'est qu'il fallait néantiser la situation présente et tenter d'appréhender le réel avec une âme d'enfant. Le nègre du tramway était comique et laid. Pour sûr, Césaire s'amusa. C'est qu'il n'y avait rien de commun entre ce véritable nègre et lui. Dans un cercle de Blancs en France, on présente un beau Noir. Si c'est un cercle d'intellectuels, soyez certains que le Noir essaiera de s'imposer. Il demande qu'on ne fasse pas attention à sa peau, mais à sa puissance intellectuelle. Nombreux sont, en Martinique, ceux qui à vingt ou trente ans se mettent à travailler Montesquieu ou Claudel dans le seul but de les citer. C'est que, par la connaissance de ces auteurs, ils comptent faire oublier leur noirceur.

La conscience morale implique une sorte de scission, une rupture de la conscience, avec une partie claire qui s'oppose à la partie sombre. Pour qu'il y ait morale, il faut que disparaisse de la conscience le noir, l'obscur, le nègre. Donc, un nègre à tout instant combat son image.

Si pareillement l'on accorde à M. Hesnard sa conception scientifique de la vie morale et si l'univers morbide se comprend à partir de la Faute, de la Culpabilité, un individu normal sera celui qui se sera déchargé de cette culpabilité, qui aura réussi en tout cas à ne pas la subir. Plus directement, tout individu doit rejeter ses instances inférieures, ses pulsions, sur le compte d'un mauvais génie qui sera celui de la culture à laquelle il appartient (nous avons vu que c'était le nègre). Cette culpabilité collective est supportée par ce qu'il est convenu d'appeler le bouc émissaire. Or le bouc émissaire pour la société blanche — basée sur les mythes : progrès, civilisation, libéralisme, éducation, lumière, finesse — sera précisément la force qui s'oppose à l'expansion, à la victoire de ces mythes. Cette force brutale, oppositionnelle, c'est le nègre qui la fournit.

Dans la société antillaise, où les mythes sont les mêmes que ceux de la société dijonnaise ou niçoise, le jeune Noir, s'identifiant au civilisateur, fera du nègre le bouc émissaire de sa vie morale.

C'est à l'âge de quatorze ans que je compris la valeur de ce que j'appelle maintenant l'imposition culturelle. J'avais un camarade, mort depuis, dont le père, italien, avait épousé une Martiniquaise. Cet homme était installé à Fort-de-France depuis plus de vingt ans. On le considérait comme un Antillais, mais, par en dessous, on se souvenait de son origine. Or, en France, l'Italien, militairement, ne vaut rien ; un Français vaut dix Italiens ; les Italiens ne sont pas courageux... Mon camarade était né en Martinique et ne fréquentait que des Martiniquais. Certain jour où Montgomery bouscula l'armée italienne à Bengazi, je voulus constater sur la carte l'avance alliée. Devant le gain considérable de terrain, je m'écriai, enthousiaste : « Qu'est-ce que vous prenez !... » Mon camarade, qui ne pouvait ignorer l'origine de son père, fut extrêmement gêné. Moi aussi, d'ailleurs. Tous deux, nous avions été victimes de l'imposition culturelle. Je suis convaincu que celui qui aura compris ce phénomène et toutes ses conséquences saura exactement dans quel sens chercher la solution. Ecoutez le Rebelle :

« Il monte... il monte des profondeurs de la terre... le flot noir monte... des vagues de hurlements... des marais de senteurs animales... l'orage écumant de pieds nus... et il en grouille toujours d'autres dévalant les sentiers des mornes, gravissant l'escarpement des ravins torrents obscènes et sauvages grossisseurs de fleuves chaotiques, de mers pourries, d'océans convulsifs, dans le rire charbonneux du coutelas et de l'alcool mauvais... »

A-t-on compris ? Césaire est *descendu*. Il a accepté de voir ce qui se passait tout au fond, et maintenant il peut monter. Il est mûr pour l'aube. Mais il ne laisse pas le Noir en bas. Il le prend sur ses épaules et le hisse aux nues. Déjà, dans *Cahier d'un retour au pays natal*, il nous avait prévenus. C'est le psychisme ascensionnel, pour reprendre le terme de Bachelard [52], qu'il a choisi :

.............................................

«et pour ce, Seigneur aux dents blanches, les hommes au cou frêle
reçois et perçois fatal calme triangulaire
et à moi mes danses
mes danses de mauvais nègre
à moi mes danses
la danse brise-carcan
la danse saute-prison
la danse il-est-beau-et-bon-et-légitime-d'être-nègre
A moi mes danses et saute le soleil sur la raquette
     de mes mains
mais non l'inégal soleil ne me suffit plus
enroule-toi, vent, autour de ma nouvelle croissance
pose-toi sur mes doigts mesurés
je te livre ma conscience et son rythme de chair
je te livre les feux où brasille ma faiblesse
je te livre le chain-Gang
je te livre le marais
je te livre l'intourist du circuit triangulaire
dévore vent
je te livre mes paroles abruptes
dévore et enroule-toi
et t'enroulant embrasse-moi d'un plus vaste frisson
embrasse-moi jusqu'au nous furieux
embrasse, embrasse NOUS
mais nous ayant également mordus

52. *L'air et les songes*.

jusqu'au sang de notre sang mordus
embrasse, ma pureté ne se lie qu'à ta
pureté
mais alors embrasse
comme un champ de justes filaos
le soir
nos multicolores puretés
et lie, lie-moi sans remords
lie-moi de tes vastes bras à l'argile lumineuse
lie ma noire vibration au nombril même
du monde
lie, lie-moi fraternité âpre
puis, m'étranglant de ton lasso d'étoiles
monte, Colombe
monte
monte
monte
Je te suis, imprimée en mon ancestrale
cornée blanche
monte lécheur de ciel
et le grand trou noir où je voulais me noyer
l'autre lune
c'est là que je veux pêcher maintenant la langue
maléfique
de la nuit en son immobile verrition [53] ! »

On comprend pourquoi Sartre voit dans la prise de
position marxiste des poètes noirs la fin logique de la
négritude. Voici en effet ce qui se passe. Comme je
m'aperçois que le nègre est le symbole du péché, je me
prends à haïr le nègre. Mais je constate que je suis un
nègre. Pour échapper à ce conflit, deux solutions. Ou bien
je demande aux autres de ne pas faire attention à ma
peau ; ou bien, au contraire, je veux qu'on s'en aperçoive.
J'essaie alors de valoriser ce qui est mauvais — puisque,
irréflexivement, j'ai admis que le Noir était la couleur du
mal. Pour mettre fin à cette situation névrotique, où je
suis obligé de choisir une solution malsaine, conflictuelle,
nourrie de phantasmes, antagoniste, inhumaine, enfin, —

53. Aimé Césaire, *Cahier d'un retour au pays natal*, pp. 94-96.

je n'ai qu'une solution : survoler ce drame absurde que
les autres ont monté autour de moi, écarter ces deux
termes qui sont pareillement inacceptables et, à travers
un particulier humain, tendre vers l'universel. Quand le
nègre plonge, autrement dit descend, il se produit quelque
chose d'extraordinaire.

Ecoutez encore Césaire :

> « Ho ho
> Leur puissance est bien ancrée
> Acquis
> Requis
> Mes mains baignent dans des bruyères de clairin
> Dans des rizières de roucou
> Et j'ai ma calebasse d'étoiles grosse
> Mais je suis faible. Oh je suis faible.
> Aidez-moi.
> Et voici je me retrouve au fil de la métamorphose
> Noyé aveuglé
> Apeuré de moi-même, effrayé de moi-même
> Des dieux... vous n'êtes pas des dieux. Je suis libre. »

> « LE REBELLE. — J'ai pacte avec cette nuit, depuis
> vingt ans je la sens qui vers moi doucement
> hèle [54]... »

Ayant retrouvé cette nuit, c'est-à-dire le sens de son identité, Césaire constate d'abord que :

« On a beau peindre blanc le pied de l'arbre, la force
de l'écorce en dessous crie... »

Puis, une fois le Blanc découvert en lui, il le tue :

« Nous forçâmes les portes. La chambre du maître était
grande ouverte. La chambre du maître était brillamment
éclairée, et le maître était là très calme... et les nôtres
s'arrêtèrent... C'était le maître... J'entrai. C'est toi, me
dit-il, très calme... C'était moi. C'était bien moi, lui disais-
je, le bon esclave, le fidèle esclave, l'esclave esclave, et
soudain ses yeux furent deux ravets apeurés les jours

---

54. *Et les chiens se taisaient*, tragédie (*Les armes miraculeuses*, pp. 144
et 122).

de pluie... je frappai, le sang gicla : c'est le seul *baptême* dont je me souvienne aujourd'hui [55]. »

« Par une inattendue et bienfaisante révolution intérieure, il honorait maintenant ses laideurs repoussantes [56]. »

Qu'ajouter de plus ? Après s'être porté aux limites de l'auto-destruction, le nègre, méticuleusemnt ou éruptivement, va sauter dans le « trou noir » d'où fusera « d'une telle raideur le grand cri nègre que les assises du monde en seront ébranlées ».

L'Européen sait et ne sait pas. Sur le plan réflexif, un nègre est un nègre ; mais dans l'inconscient il y a, bien fichée, l'image du nègre-sauvage. Je pourrais donner non pas dix, mais des milliers d'exemples. Georges Mounin dit dans *Présence africaine* : « J'ai eu la chance de ne pas découvrir les Noirs à travers la *Mentalité primitive* de Lévy-Bruhl, au cours de sociologie ; plus généralement, la chance de découvrir les Noirs autrement que par les lectures — et je m'en félicite tous les jours [57]... »

Mounin, que l'on ne saurait tenir pour un Français moyen, ajoute, et par cela il saute à pieds joints dans nos vues : « J'y ai peut-être gagné d'apprendre, au temps où on a l'esprit non prévenu, que les Noirs sont des hommes comme nous... J'y ai peut-être gagné, moi Blanc, la possibilité d'être naturel pour toujours avec un Noir — et de ne jamais être en face de lui bêtement et subtilement dans cette position d'enquêteur ethnographique qui reste trop souvent notre insupportable façon de les *remettre à leur place...* »

Dans le même numéro de *Présence africaine*, Emile Dermenghem, qui ne peut être suspecté de négrophobie, écrit : « Un de mes souvenirs d'enfance est une visite à l'Exposition Universelle de 1900, au cours de laquelle ma principale préoccupation était de voir un nègre. Mon imagination était naturellement excitée par des lectures : *Capitaine de quinze ans, Les Aventures de Robert, Les Voyages de Livingstone.* »

55. A. Césaire, *op. cit.*, p. 136.
56. P. 65.
57 Premières réponses à l'enquête sur le « Mythe du nègre », *Présence Africaine*, nº 2.

Emile Dermenghem nous dit que cela exprimait chez lui un goût de l'exotisme. Si je suis prêt, les deux mains perdues dans les siennes, à croire le Dermenghem qui a écrit l'article, je lui demande la permission de douter du Dermenghem de l'Exposition de 1900.

Je m'en voudrais de reprendre les thèmes que l'on agite depuis cinquante ans. Ecrire sur les possibilités d'une amitié noire est une entreprise généreuse, mais malheureusement les négrophobes et autres princes consorts sont imperméables à la générosité. Quand nous lisons : « Un nègre est un sauvage, et pour conduire des sauvages il n'y a qu'une seule méthode : le coup de pied aux fesses », nous pensons, de notre table de travail, que « toutes ces imbécillités doivent disparaître ». Mais là-dessus tout le monde est d'accord. Jacques Howlett, toujours dans *Présence africaine* (n° 5), écrit : « Deux choses, en outre, contribuèrent, semble-t-il, à cet éloignement du nègre dans le monde de l'autre, sans commune mesure avec moi : la couleur de sa peau et sa nudité, car j'imaginais le nègre nu. — Certes, des éléments superficiels (encore qu'on ne saurait dire jusqu'à quel point ils ne continuent pas à hanter nos idées neuves, nos conceptions révisées) ont pu recouvrir parfois cet être lointain, noir et nu, quasi inexistant ; tel est le bon Noir à chéchia et au vaste sourire fernandelesque, symbole de quelque déjeuner chocolaté, tel encore le brave pioupiou sénégalais « esclave de la consigne », Don Quichotte sans grandeur, « héros bon enfant » de tout ce qui ressortit à « l'épopée coloniale », tel enfin le Noir « homme-à-convertir », « fils soumis » du missionnaire à barbe. »

Jasques Howlett, dans la suite de sa communication, nous dit avoir, par réaction, fait du nègre le symbole de l'innocence. Il nous en donne la raison, mais nous sommes obligé de penser qu'il n'avait plus huit ans, car il nous parle de « mauvaise conscience de la sexualité » et de « solipsisme ». Je suis d'ailleurs persuadé que cette « innocence pour grand adulte », Jacques Howlett l'a laissée loin, loin derrière lui.

Sans nul doute, le plus intéressant témoignage est celui de Michel Salomon. Quoiqu'il s'en défende, il pue le raciste. Il est Juif, il a une « expérience millénaire de

l'antisémitisme », et pourtant il est raciste. Ecoutez-le :
« Mais nier que, du fait de sa peau et de sa chevelure, de
cette aura de sensualité qu'il (le nègre) dégage, il n'y a
pas, spontanément, une certaine gêne, attractive ou répul-
sive, c'est se refuser à l'évidence au nom d'une pruderie
absurde qui n'a jamais rien résolu... » Plus loin, il va
jusqu'à nous parler de la « prodigieuse vitalité du Noir ».

L'étude de M. Salomon nous apprend qu'il est médecin. Il devra se méfier de ces perspectives littéraires qui
sont a-scientifiques. Le Japonais et le Chinois sont dix
fois plus prolifiques que le Noir : sont-ils pour cela sen-
suels ? Et puis, M. Salomon, je m'en vais vous faire un
aveu : je n'ai jamais pu entendre sans nausée un *homme*
dire d'un autre homme : « Comme il est sensuel ! » Je
ne sais pas ce que c'est que la sensualité d'un homme.
Imaginez une femme disant d'une autre : « Elle est
effroyablement désirable, cette poupée... » M. Salomon,
le nègre ne dégage d'aura de sensualité ni par sa peau,
ni par sa chevelure. Simplement, depuis de longs jours
et de longues nuits, l'image du nègre-biologique-sexuel-
sensuel-et-génital s'est imposée à vous, et vous n'avez
pas su vous en dégager. L'œil n'est pas seulement miroir,
mais miroir redresseur. L'œil doit nous permettre de corriger les erreurs culturelles. Je ne dis pas les yeux, je dis
l'œil, et l'on sait à quoi cet œil renvoie ; pas à la scissure
calcarine, mais à cette très égale lueur qui sourd du rouge
de Van Gogh, qui glisse d'un concerto de Tchaïkowsky,
qui s'agrippe désespérément à l'*Ode à la Joie* de Schiller,
qui se laisse porter par la gueulée vermiculaire de Césaire.

Le problème noir ne se résout pas en celui des Noirs
vivant parmi les Blancs, mais bien des Noirs exploités,
esclavagisés, méprisés par une société capitaliste, colonialiste, accidentellement blanche. Vous vous demandez,
M. Salomon, ce que vous feriez « si vous aviez huit cent
mille nègres en France » ; parce que pour vous il y a un
problème, le problème de la montée des Noirs, le problème du péril noir. Le Martiniquais est un Français, il
veut rester au sein de l'Union Française, il ne demande
qu'une chose, le Martiniquais, c'est que les imbéciles et
les exploitants lui laissent la possibilité de vivre humainement. Je me vois fort bien perdu, submergé par le flot

blanc que constitueraient des hommes comme Sartre ou Aragon, je ne demanderais que cela. M. Salomon, vous dites qu'on ne gagne rien à être prude, et nous sommes de votre avis. Mais je n'ai pas l'impression d'abdiquer ma personnalité en épousant une Européenne quelconque ; je vous affirme que je ne fais pas un « marché de dupes ». Si l'on flaire mes enfants, si l'on examine la lunule de leurs ongles, c'est tout simplement parce que la société n'aura pas changé, qu'elle aura, comme vous le dites si bien, gardé intacte sa mythologie. Pour notre part, nous refusons de considérer le problème sur le mode : ou bien, ou bien...

Qu'est-ce que cette histoire de peuple noir, de nationalité nègre ? Je suis Français. Je suis intéressé à la culture française, à la civilisation française, au peuple français. Nous refusons de nous considérer comme « à-côté », nous sommes en plein dans le drame français. Quand des hommes, non pas fondamentalement mauvais, mais mystifiés, ont envahi la France pour l'asservir, mon métier de Français m'indiqua que ma place n'était pas à côté, mais au cœur du problème. Je suis intéressé personnellement au destin français, aux valeurs françaises, à la nation française. Qu'ai-je à faire, moi, d'un Empire noir ?

Georges Mounin, Dermenghem, Howlett, Salomon ont bien voulu répondre à l'enquête sur la genèse du mythe du nègre. Tous nous ont convaincu d'une chose. C'est qu'une authentique saisie de la réalité du nègre devait se faire au détriment de la cristallisation culturelle.

Dernièrement je lisais dans un journal pour enfants cette phrase, qu'illustrait une image où un jeune scout noir présentait un village nègre à trois ou quatre scouts blancs : « Voici la chaudière où mes ancêtres faisaient cuire les vôtres. » On veut bien admettre qu'il n'existe plus de nègres anthropophages, mais souvenons-nous-en... En toute rigueur d'ailleurs, je pense que l'auteur a, sans le savoir, rendu service aux nègres. Car le jeune Blanc qui le lira ne se représentera pas le nègre comme mangeant le Blanc, mais comme l'ayant mangé. Incontestablement, il y a progrès.

Avant de terminer ce chapitre, nous voudrions communiquer une observation que nous devons à l'obligeance du médecin-chef du service des femmes de l'hôpital psychiatrique de Saint-Ylie. Cette observation éclaire le point de vue que nous défendons ici. Elle montre qu'à l'extrême le mythe du nègre, l'idée du nègre arrive à déterminer une authentique aliénation.

Mlle B... est âgée de dix-neuf ans quand elle entre dans le service au mois de mars 19... Le certificat est libellé comme suit : « Je soussigné, docteur P..., ancien interne des Hôpitaux de Paris, certifie avoir examiné Mlle B..., qui est atteinte de troubles nerveux consistant en crises d'agitation, instabilité motrice, tics, spasmes conscients, mais qu'elle ne peut empêcher. Ces troubles vont en croissant et l'empêchent de mener une vie sociale normale. Son placement en observation est nécessaire dans un établissement régi par la loi de 1838 par voie de placement volontaire. »

Le certificat de vingt-quatre heures établi par le médecin-chef : « Atteinte d'une névrose des tics survenue depuis l'âge de dix ans et s'aggravant avec la puberté et les premiers travaux hors de la maison. Dépression passagère avec anxiété s'accompagnant d'une recrudescence des symptômes. Obésité. Demande à être soignée. Se trouve rassurée en compagnie. Malade de service ouvert. A maintenir. »

Dans les antécédents personnels, on ne retrouve aucun processus pathologique. On ne retient qu'une puberté à seize ans. L'examen somatique ne révèle rien, sinon une adiposité, une infiltration minime des téguments qui fait penser à une insuffisance endocrinienne légère. Périodes menstruelles régulières.

Un entretien permet de préciser les points suivants : « C'est surtout quand je travaille que les tics apparaissent » (la malade était placée, et vivait par conséquent hors du milieu parental).

Tic des yeux, du front ; souffle, aboie. Dort très bien, sans cauchemars, s'alimente bien. N'est pas énervée les jours de règles. Dans son lit, avant de s'endormir, nombreux tics faciaux.

Avis de la surveillante : c'est surtout quand elle est seule. Lorsqu'elle est avec les autres ou en conversation, c'est moins marqué. Le tic dépend de ce qu'elle fait. Elle commence par taper des deux pieds, s'en va en soulevant les pieds, les jambes, les bras, les épaules symétriquement.

Articule des sons. On n'a jamais pu comprendre ce qu'elle disait. Puis cela se termine par des cris très forts, inarticulés. Dès qu'on l'appelle, cela cesse.

Le médecin-chef commence des séances de rêve éveillé. Un entretien préalable ayant mis en évidence l'existence d'hallucinoses sous la forme de cercles effrayants, on demande à la malade d'évoquer ces cercles.

Voici un extrait du compte rendu de la première séance :

« Profonds, concentriques, ils grandissent et diminuent au rythme d'un tam-tam nègre. Ce tam-tam évoque le danger de perdre ses parents, sa mère surtout.

» Alors je lui demande de faire un signe de croix sur ces cercles, ils ne s'effacent pas. Je lui dis de prendre un chiffon et de les effacer, ils disparaissent.

» Se tourne du côté du tam-tam. Elle est entourée d'hommes et de femmes à demi nus, qui dansent de façon effrayante. Je lui dis de ne pas avoir peur d'entrer dans cette danse. Elle le fait. Immédiatement, les danseurs changent d'aspect. C'est une réunion brillante. Les hommes et les femmes sont bien habillés et ils dansent une valse : *Étoile des Neiges*.

» Je lui dis de s'approcher des cercles : elle ne les voit plus. Je lui dis de les évoquer ; les voici, mais ils sont brisés. Je lui dis d'entrer par l'ouverture. Je ne suis plus entourée entièrement, dit-elle spontanément, je pourrai ressortir. Le cercle se brise en deux, puis en plusieurs morceaux. Il ne reste plus que deux morceaux qui disparaissent. Nombreux tics de gorge et d'yeux pendant qu'elle raconte.

» Une série de séances amène la sédation de l'agitation motrice. »

Voici le résumé d'une autre séance :

« Je lui dis de rappeler les cercles. Ne les voit pas. Puis les voilà. Ils sont brisés. Entre dedans. Ils se cassent, s'élèvent, puis tombent doucement les uns après les autres dans le vide. Je lui dis d'écouter le tam-tam. Ne l'entend pas. L'appelle. L'entend sur la gauche.

» Je lui propose un ange qui l'accompagnerait vers le tam-tam : elle veut y aller toute seule. Pourtant quelqu'un descend du ciel. C'est un ange. Il est souriant ; il l'emmène près du tam-tam. Il n'y a que des hommes noirs qui dansent autour d'un grand feu et ont l'air méchant. L'ange lui demande ce qu'ils vont faire : ils vont brûler un Blanc. Le cherche de tous les côtés. Ne le voit pas.

» Ah ! je le vois. C'est un Blanc d'une cinquantaine d'années. Il est à demi déshabillé.

» L'ange parlemente avec le chef noir (car elle a peur). Le chef noir dit que cet homme blanc n'est pas de la région, aussi vont-ils le brûler. Mais il n'a pas fait de mal.

» Ils le libèrent et se remettent à danser de joie. Elle refuse de se mêler à la danse.

» Je l'envoie parlementer avec le chef. Celui-ci danse seul. Le Blanc a disparu. Elle veut partir et n'a pas l'air de tenir à connaître les Noirs. Elle veut partir avec son ange quelque part où elle sera bien chez elle, avec sa mère, ses frères et sœurs. »

Les tics ayant disparu, on arrête le traitement. Quelques jours après on revoit la malade, qui a rechuté. Compte rendu de la séance :

« Toujours les cercles rapprochés. Elle prend un bâton. Ils se cassent en morceaux. C'est la baguette magique. Transforme ces morceaux de fer en une matière brillante très belle.

» Se dirige vers un feu : c'est le feu des Noirs qui dansent. Veut connaître le chef. Va vers lui.

» Le nègre qui s'était arrêté de danser reprend la danse, mais sur un autre rythme. Elle danse autour du feu en donnant la main.

» Les séances ont nettement amélioré la malade. Elle écrit à ses parents, reçoit des visites, va aux séances de cinéma de l'établissement. Elle prend part aux jeux de groupe. Une malade jouant une valse au piano du Pavillon, invite une camarade et danse. Ses camarades l'estiment bien. »

Nous extrayons ce passage d'une autre séance :

« Repense aux cercles. Ils sont cassés en une seule pièce, mais il manque un morceau à droite. Les plus petits sont entiers. Elle voudrait casser les petits. Elle les prend dans ses mains, les tord ; ils se cassent. Pourtant, reste un petit. Passe à travers. De l'autre côté se trouve dans le noir. N'a pas peur. Appelle quelqu'un, son ange gardien vient du haut, gentil, souriant. Il va l'emmener au jour, à droite. »

Le rêve éveillé donna dans le cas présent des résultats appréciables. Mais dès que la malade se trouvait *seule*, les tics réapparaissaient.

Nous ne voulons pas nous étendre sur l'infrastructure de cette psycho-névrose. L'interrogatoire du médecin-chef avait mis en évidence une peur de nègres imaginaires, — peur vécue à douze ans.

Nous avons eu un grand nombre d'entretiens avec la malade.

Alors qu'elle avait dix ou douze ans, son père, « ancien de la Coloniale », aimait prendre des programmes de musique nègre. Le tam-tam résonnait à la maison tous les soirs. Elle était alors au lit.

D'autre part, nous l'avons dit, c'est à cet âge qu'apparaissent les nègres-sauvages-cannibales.

La liaison est aisément reconnaissable.

De plus, ses frères et sœurs, qui avaient trouvé son point faible, s'amusaient à l'effrayer.

Dans son lit, le tam-tam aux oreilles, elle *voyait* effectivement des nègres. Elle se réfugiait sous les draps en tremblant.

Puis des cercles de plus en plus petits apparaissaient et scotomisaient les nègres.

On retrouve donc les cercles comme mécanismes de défense contre les hallucinoses.

Aujourd'hui, les cercles apparaissent sans le Noir, — le mécanisme de défense s'impose en ignorant son déterminisme.

Nous avons vu la mère. Elle confirma les dires de sa fille. Elle était très émotive et, à douze ans, dans son lit, tremblait souvent. Notre présence dans le service ne provoqua aucune modification visible de l'état mental.

Aujourd'hui, les cercles *seuls* déclenchent les phénomènes moteurs : cris, tics faciaux, gesticulations désordonnées.

Même si l'on réserve une part à la constitution, il est

évident que cette aliénation est la conséquence d'une peur du nègre, peur favorisée par des circonstances déterminées. Bien que la malade soit nettement améliorée, on doute qu'elle puisse de sitôt reprendre une vie sociale.

# 7

# Le Nègre
# et la reconnaissance

## A. LE NÈGRE ET ADLER

« Par quelque côté qu'on aborde l'analyse des états morbides psychogènes, on ne tarde pas à se trouver en présence du phénomène suivant : tout le tableau de la névrose, ainsi que tous ses symptômes, apparaissent comme influencés par un but final, voire comme des projections de ce but. Aussi peut-on attribuer à ce but final la valeur d'une cause formative, celle d'un principe d'orientation, d'arrangement, de coordination. Essayez de comprendre le « sens » et la direction des phénomènes morbides, sans tenir compte de ce but final, et vous vous trouverez aussitôt en présence d'une multitude chaotique de tendances, d'impulsions, de faiblesses et d'anomalies, faite pour décourager les uns et pour susciter chez les autres le désir téméraire de percer coûte que coûte les ténèbres, au risque d'en revenir les mains vides ou avec un butin illusoire. Si, au contraire, on admet l'hypothèse du but final ou d'une finalité causale, cachée derrière les phénomènes, on voit aussitôt les ténèbres se dissiper et nous lisons dans l'âme du malade comme dans un livre ouvert [1]. »

C'est à partir de positions théoriques analogues que s'édifient en général les mystifications les plus ahurissantes de notre époque. En effet, appliquons la psychololologie caractérielle aux Antillais.

Les nègres sont comparaison. Première vérité. Ils sont comparaison, c'est-à-dire qu'à tout instant ils se préoccu-

1. Alfred Adler, *Le tempérament nerveux*, p. 12.

peront d'auto-valorisation et d'idéal du moi. Chaque fois
qu'ils se trouvent en contact avec un autre, il est question
de valeur, de mérite. Les Antillais n'ont pas de valeur propre,
ils sont toujours tributaires de l'apparition de l'Autre.
Il est toujours question de moins intelligent que moi, de
plus noir que moi, de moins bien que moi. Toute position
de soi, tout ancrage de soi entretient des rapports de
dépendance avec l'effondrement de l'autre. C'est sur les
ruines de l'entourage que je bâtis ma virilité.

Je propose au Martiniquais qui me lit l'expérience suivante. Déterminer la plus « comparaison » des rues de
Fort-de-France. La rue Schœlcher, la rue Victor-Hugo...
certainement pas la rue François-Arago. Le Martiniquais
qui accepte de réaliser cette expérience sera de mon avis
dans l'exacte mesure où il ne se crispera pas de se voir
mis à nu. Un Antillais qui retrouve un camarade après
cinq ou six ans l'aborde agressivement. C'est que dans
le temps l'un et l'autre avaient une position déterminée.
L'infériorisé croit se valoriser... et le supérieur tient à la
hiérarchie.

« Tu n'as pas changé... aussi bête. »

J'en connais, cependant, médecins et dentistes, qui
continuent à se jeter à la tête des erreurs de jugement
vieilles de quinze ans. Mieux que des erreurs concep-
tuelles, ce sont des « créolismes » qu'on lance au dangereux. On l'a maîtrisé une fois pour toutes : rien à faire.
L'Antillais se caractérise par son désir de dominer l'autre.
Sa ligne d'orientation passe par l'autre. Il est toujours
question du sujet et l'on ne se préoccupe nullement de
l'objet. J'essaie de lire dans les yeux de l'autre l'admiration, et si par malheur l'autre me renvoie une image désagréable, je dévalorise ce miroir : décidément cet autre est
un imbécile. Je ne cherche pas à être nu en face de
l'objet. L'objet est nié en tant qu'individualité et liberté.
L'objet est un instrument. Il doit me permettre de réaliser ma sécurité subjective. Je me donne comme plein
(désir de plénitude) et n'admets aucune scission. L'Autre
entre sur la scène pour la meubler. Le Héros, c'est moi.
Applaudissez ou critiquez, que m'importe, c'est moi le
centre. Si l'autre veut m'inquiéter par son désir de valorisation (sa fiction), je l'expulse sans autre forme de pro-

cès. Il n'existe plus. Ne me parlez pas de ce type. Je ne veux pas subir le choc de l'objet. Le contact de l'objet est conflictuel. Je suis Narcisse et je veux lire dans les yeux de l'autre une image de moi qui me satisfasse. Aussi en Martinique, dans un cercle donné (milieu), y a-t-il le « pélé », la cour du « pélé », les indifférents (qui attendent) et les humiliés. Ceux-là sont impitoyablement massacrés. On devine la température qui règne dans cette jungle. Pas moyen de s'en sortir.

Moi, rien que moi.

Les Martiniquais sont avides de sécurité. Ils veulent faire admettre leur fiction. Ils veulent être reconnus dans leur désir de virilité. Ils veulent paraître. Chacun d'eux constitue un atome isolé, aride, tranchant, aux trottoirs bien délimités, chacun d'eux *est*. Chacun d'eux veut *être*, veut *paraître*. Toute action de l'Antillais passe par l'Autre. Non parce que l'Autre demeure le but final de son action dans la perspective de la communion humaine que décrit Adler[2], mais plus simplement parce que c'est l'Autre qui l'affirme dans son besoin de valorisation.

Maintenant que nous avons retrouvé la ligne d'orientation adlérienne de l'Antillais, il nous reste à en rechercher l'origine.

Ici apparaissent les difficultés. En effet, Adler a créé une psychologie individuelle. Or nous venons de voir que le sentiment d'infériorité est antillais. Ce n'est pas tel Antillais qui présente la structure du nerveux, mais tous les Antillais. La société antillaise est une société nerveuse, une société « comparaison ». Donc nous sommes renvoyés de l'individu à la structure sociale. S'il y a un vice, il ne réside pas dans « l'âme » de l'individu, mais bien dans celle du milieu.

Le Martiniquais est un nerveux, et n'en est pas un. Si nous appliquions rigoureusement les conclusions de l'école adlérienne, nous dirions que le nègre essaie de protester contre l'infériorité qu'il ressent historiquement. Comme le nègre, de tout temps, a été un inférieur, il essaie de réagir par un complexe de supériorité. Et c'est bien ce qui ressort du livre de Brachfeld. Parlant du sen-

2. A. Adler, *Connaissance de l'Homme.*

timent d'infériorité raciale, l'auteur cite une pièce espa-
gnole d'André de Claramunte, *El valiente negro de
Flandres*. On y peut voir que l'infériorité du nègre ne date
pas de ce siècle, puisque de Claramunte est contemporain
de Lope de Vega.

> « La couleur seule lui fait défaut
> pour qu'il soit un vrai caballero... »

Et le nègre Juan de Mérida s'exprime ainsi :

> « Quelle infamie c'est d'être noir
> dans ce monde !
> Les Noirs ne sont-ils pas des
> hommes ?
> Ont-ils pour cela une âme plus vile, plus maladroite,
>     plus laide ?
> Et pour cela on leur donne des surnoms
> Je me lève lourd de l'infamie de ma
> couleur
> Et j'affirme mon courage au monde...
> Est-il si vil d'être noir ? »

Le pauvre Juan ne sait plus à quel saint se vouer. Nor-
malement, le Noir est un esclave. Rien de pareil dans sa
position :

> « Car malgré que je sois noir
> Je ne suis pas un esclave. »

Il voudrait cependant échapper à cette noirceur. Il a
une attitude éthique dans la vie. Axiologiquement, c'est
un Blanc :

> « Je suis plus blanc que la neige. »

Car en définitive, sur le plan symbolique,

> « Qu'est-ce donc, être noir ?
> Est-ce être de cette couleur ?
> De cette offense je me plaindrai au Destin,

> au temps, au ciel
> et à tous ceux qui me firent noir !
> O malédiction de la couleur ! »

Enfermé, Juan s'aperçoit que l'intention ne peut le sauver. Son *apparaître* mine, infirme toutes ses actions :

> « Qu'importent les âmes ?
> Je suis fou.
> Que faire sinon être désespéré ?
> O ciel quelle affreuse chose
> d'être noir. »

Au paroxysme de la douleur, il ne reste qu'une solution au malheureux nègre : donner les preuves de sa blancheur aux autres et surtout à lui-même.

> « Si je ne peux pas changer de couleur,
> je veux l'Aventure [3]. »

Comme on le voit, il faut comprendre Juan de Mérida dans la perspective de la surcompensation. C'est parce que le nègre appartient à une race « inférieure » qu'il essaie de ressembler à la race supérieure.

Mais nous savons nous dégager de la ventouse adlérienne. De Man et Eastman ont, en Amérique, appliqué la méthode d'Adler d'une façon quelque peu abusive. Tous les faits que j'ai relevés sont réels, mais, faut-il le dire, ils n'entretiennent avec la psychologie adlérienne que des rapports externes. Le Martiniquais ne se compare pas au Blanc, considéré comme le père, le chef, Dieu, mais se compare à son semblable sous le patronage du Blanc. Une comparaison adlérienne se schématise de la manière suivante :

> « Moi plus grand que l'Autre. »

La comparaison antillaise, par contre, se présente ainsi :

$$\frac{\text{Blanc}}{\text{Moi différent de l'Autre}}$$

---

3. Traduction personnelle.

La comparaison adlérienne comporte deux termes ; elle est polarisée par le moi.

La comparaison antillaise est coiffée par un troisième terme : la fiction dirigeante n'y est pas personnelle, mais sociale.

Le Martiniquais est un crucifié. Le milieu qui l'a fait (mais qu'il n'a pas fait) l'a épouvantablement écartelé ; et ce milieu de culture, il l'entretient de son sang et de ses humeurs. Or le sang du nègre est un engrais estimé des connaisseurs.

Adlériennement, après avoir constaté que mon camarade, dans son rêve, réalise le désir de se blanchir, c'est-à-dire d'être viril, je lui révélerai donc que sa névrose, son instabilité psychique, la brisure de son moi proviennent de cette fiction dirigeante et je lui dirai : « M. Mannoni a très bien décrit ce phénomène chez le Malgache. Vois-tu, il faudrait, je crois, que tu acceptes de rester à la place qu'on t'a faite. »

Eh bien non ! Je ne dirai point cela ! Je lui dirai : c'est le milieu, la société qui sont responsables de ta mystification. Ceci dit, le reste viendra tout seul, et l'on sait de quoi il s'agit.

De la fin du monde, parbleu.

Je me demande parfois si les inspecteurs d'enseignement et les chefs de service sont conscients de leur rôle aux colonies. Pendant vingt ans, ils s'acharnent par leurs programmes à faire du nègre un Blanc. A la fin, ils le lâchent et lui disent : vous avez incontestablement un complexe de dépendance vis-à-vis du Blanc.

## B. LE NÈGRE ET HEGEL

> *La conscience de soi est en soi et pour soi quand et parce qu'elle est en soi et pour soi pour une autre conscience de soi ; c'est-à-dire qu'elle n'est qu'en tant qu'être reconnu* [4].

L'homme n'est humain que dans la mesure où il veut s'imposer à un autre homme, afin de se faire recon-

4. Hegel, *Phénoménologie de l'Esprit*, trad. Hippolyte, p. 155.

naître par lui. Tant qu'il n'est pas effectivement reconnu par l'autre, c'est cet autre qui demeure le thème de son action. C'est de cet autre, c'est de la reconnaissance par cet autre, que dépendent sa valeur et sa réalité humaines. C'est dans cet autre que se condense le sens de sa vie.

Il n'y a pas de lutte ouverte entre le Blanc et le Noir.

Un jour le Maître Blanc a reconnu *sans lutte* le nègre esclave.

Mais l'ancien esclave veut *se faire reconnaître.*

Il y a, à la base de la dialectique hégélienne, une réciprocité absolue qu'il faut mettre en évidence.

C'est en tant que je dépasse mon être-là immédiat que je réalise l'être de l'autre comme réalité naturelle et plus que naturelle. Si je ferme le circuit, si je rends irréalisable le mouvement à double sens, je maintiens l'autre à l'intérieur de soi. A l'extrême, je lui enlève même cet être-pour-soi.

Le seul moyen de rompre ce cercle infernal qui me renvoie à moi-même est de restituer à l'autre, par la médiation et la reconnaissance, sa réalité humaine, différente de la réalité naturelle. Or l'autre doit effectuer semblable opération. « L'opération unilatérale serait inutile parce que ce qui doit arriver peut seulement se produire par l'opération des deux... » ; « ...ils *se reconnaissent comme se reconnaissant réciproquement* [5]. »

Dans son immédiateté, la conscience de soi est être-pour-soi simple. Pour obtenir la certitude de soi-même, il faut l'intégration du concept de reconnaissance. L'autre, pareillement, attend notre reconnaissance, afin de s'épanouir dans la conscience de soi universelle. Chaque conscience de soi recherche l'absoluité. Elle veut être reconnue en tant que valeur primordiale désinsérée de la vie, comme transformation de la certitude subjective (*Gewisheit*) en vérité objective (*Wahrheit*).

Rencontrant l'opposition de l'autre, la conscience de soi fait l'expérience du *Désir* ; première étape sur la route qui conduit à la dignité de l'esprit. Elle accepte de risquer sa vie, et par conséquent menace l'autre dans

5. Hegel, *Phénoménologie de l'Esprit*, p. 157.

sa présence corporelle. « C'est seulement par le risque de sa vie qu'on conserve la liberté, qu'on prouve que l'essence de la conscience de soi n'est pas l'*être*, n'est pas le mode immédiat dans lequel la conscience de soi surgit d'abord, n'est pas enfoncement dans l'expansion de la vie [6]. »

Ainsi la réalité humaine en-soi-pour-soi ne parvient à s'accomplir que dans la lutte et par le risque qu'elle implique. Ce risque signifie que je dépasse la vie vers un bien suprême qui est la transformation en vérité objective universellement valable de la certitude subjective que j'ai de ma propre valeur.

Je demande qu'on me considère à partir de mon Désir. Je ne suis pas seulement ici-maintenant, enfermé dans la choséité. Je suis pour ailleurs et pour autre chose. Je réclame qu'on tienne compte de mon activité négatrice en tant que je poursuis autre chose que la vie ; en tant que je lutte pour la naissance d'un monde humain, c'est-à-dire d'un monde de reconnaissances réciproques.

Celui qui hésite à me reconnaître s'oppose à moi. Dans une lutte farouche, j'accepte de ressentir l'ébranlement de la mort, la dissolution irréversible, mais aussi la possibilité de l'impossibilité [7].

L'autre, cependant, peut me reconnaître sans lutte :

« L'individu qui n'a pas mis sa vie en jeu peut bien être reconnu comme *personne*, mais il n'a pas atteint la vérité

---

6. Hegel, *op. cit.*, p. 159.

7. Quand nous avons commencé ce travail nous voulions consacrer une étude à l'être du nègre pour-la-mort. Nous la jugions nécessaire, car on ne cesse de répéter : le nègre ne se suicide pas.

M. Achille dans une conférence n'hésite pas à le soutenir, et Richard Wright dans une de ses nouvelles fait dire à un Blanc : « Si j'étais un nègre je me suiciderais... », entendant par là que seul un nègre peut accepter semblable traitement sans ressentir l'appel du suicide.

Depuis, M. Deshaies a consacré sa thèse à la question du suicide. Il montre que les travaux de Jaensch, qui opposent le type désintégré (yeux bleus, peau blanche) au type intégré (yeux et peau bruns), sont pour le moins spécieux.

Pour Dürkheim les Juifs ne se suicidaient pas. Aujourd'hui ce sont les nègres. Or, « l'hôpital de Detroit reçut parmi les suicidants 16,6 %, de nègres, alors que la proportion de ceux-ci dans la population n'est que de 7,6 %. A Cincinnati, il y a plus du double de suicides que chez les Blancs, surenchère due à l'étonnante proportion de négresses : 358 contre 76 nègres » (Gabriel Deshaies, *Psychologie du suicide*, n. 23).

de cette reconnaissance d'une conscience de soi indépendante [8]. »

Historiquement, le nègre, plongé dans l'inessentialité de
la servitude, a été libéré par le maître. Il n'a pas soutenu
la lutte pour la liberté.

D'esclave, le nègre a fait irruption dans la lice où se
trouvaient les maîtres. Pareil à ces domestiques à qui une
fois l'an on permet de danser au salon, le nègre cherche
un support. Le nègre n'est pas devenu un maître. Quand
il n'y a plus d'esclaves, il n'y a pas de maîtres.

Le nègre est un esclave à qui on a permis d'adopter une
attitude de maître.

Le Blanc est un maître qui a permis à ses esclaves de
manger à sa table.

Un jour, un bon maître blanc qui avait de l'influence a
dit à ses copains :

« Soyons gentils avec les nègres... »

Alors les maîtres blancs, en rouspétant, car c'était
quand même dur, ont décidé d'élever des hommes-
machines-bêtes au rang suprême d'*hommes*.

*Nulle terre française ne doit plus porter d'esclaves.*

Le bouleversement a atteint le Noir de l'extérieur. Le
Noir a été agi. Des valeurs qui n'ont pas pris naissance
de son action, des valeurs qui ne résultent pas de la montée systolique de son sang, sont venues danser leur ronde
colorée autour de lui. Le bouleversement n'a pas différencié le nègre. Il est passé d'un mode de vie à un autre,
mais pas d'une vie à une autre. De même que, lorsqu'on
annonce à un malade amélioré qu'il sortira dans peu de
jours de l'asile, il arrive qu'il rechute, de même la nouvelle de la libération des esclaves noirs détermina des
psychoses et des morts subites.

Dans une vie, on n'apprend pas deux fois cette même
nouvelle. Le Noir s'est contenté de remercier le Blanc, et
la preuve la plus brutale de ce fait se trouve dans le
nombre imposant de statues disséminées en France et
aux colonies, représentant la France blanche caressant la
chevelure crépue de ce brave nègre dont on vient de briser
les chaînes.

8. Hegel, *op. cit.*, p. 159.

« Dis merci à monsieur », dit la mère à son fils... mais nous savons que souvent le petit garçon rêve de crier quelque autre mot — plus retentissant...

Le Blanc en tant que maître [9] a dit au nègre :

« Désormais tu es libre. »

Mais le nègre ignore le prix de la liberté, car il ne s'est pas battu pour elle. De temps à autre, il se bat pour la Liberté et la Justice, mais il s'agit toujours de liberté blanche et de justice blanche, c'est-à-dire de valeurs sécrétées par les maîtres. L'ancien esclave, qui ne retrouve dans sa mémoire ni la lutte pour la liberté ni l'angoisse de la liberté dont parle Kierkegaard, se tient la gorge sèche en face de ce jeune Blanc qui joue et chante sur la corde raide de l'existence.

Quand il arrive au nègre de regarder le Blanc farouchement, le Blanc lui dit : « Mon frère, il n'y a pas de différence entre nous. » Pourtant le nègre *sait* qu'il y a une différence. Il la *souhaite*. Il voudrait que le Blanc lui dise tout à coup : « Sale nègre. » Alors, il aurait cette unique chance — de « leur montrer... ».

Mais le plus souvent il n'y a rien, rien que l'indifférence, ou la curiosité paternaliste.

L'ancien esclave exige qu'on lui conteste son humanité, il souhaite une lutte, une bagarre. Mais trop tard : le nègre français est condamné à se mordre et à mordre. Nous disons le Français, car les Noirs américains vivent un autre drame. En Amérique, le nègre lutte et il est combattu. Il y a des lois qui, petit à petit, disparaissent de la constitution. Il y a des décrets qui interdisent certaines discriminations. Et nous sommes assurés qu'il ne s'agit pas alors de dons.

Il y a bataille, il y a défaites, trêves, victoires.

---

9. Nous espérons avoir montré que le maître ici diffère essentiellement de celui décrit par Hegel. Chez Hegel il y a réciprocité, ici le maître se moque de la conscience de l'esclave. Il ne réclame pas la reconnaissance de ce dernier, mais son travail.

De même l'esclave ici n'est nullement assimilable à celui qui, se perdant dans l'objet, trouve dans le travail la source de sa libération.

Le nègre veut être comme le maître.

Aussi est-il moins indépendant que l'esclave hégélien.

Chez Hegel, l'esclave se détourne du maître et se tourne vers l'objet.

Ici, l'esclave se tourne vers le maître et abandonne l'objet.

« *The twelve millions black voices* » ont gueulé contre le rideau du ciel. Et le rideau, traversé de part en part, les empreintes dentales bien en place, logées dans son ventre d'interdiction, est tombé tel un balafon crevé.

Sur le champ de bataille, limité aux quatre coins par des vingtaines de nègres pendus par les testicules, se dresse peu à peu un monument qui promet d'être grandiose.

Et au sommet de ce monument, j'aperçois déjà un Blanc et un Nègre *qui se donnent la main.*

Pour le Noir français, la situation est intolérable. N'étant jamais sûr que le Blanc le considère comme conscience en-soi pour-soi, sans cesse il va se préoccuper de déceler la résistance, l'opposition, la contestation.

C'est ce qui ressort de quelques passages du livre que Mounier a consacré à l'Afrique [10]. Les jeunes Noirs qu'il a connus là-bas voulaient conserver leur altérité. Altérité de rupture, de lutte, de combat.

Le moi se pose en s'opposant, disait Fichte. Oui et non.

Nous avons dit dans notre introduction que l'homme était un *oui.* Nous ne cesserons de le répéter.

Oui à la vie. Oui à l'amour. Oui à la générosité.

Mais l'homme est aussi un *non.* Non au mépris de l'homme. Non à l'indignité de l'homme. A l'exploitation de l'homme. Au meurtre de ce qu'il y a de plus humain dans l'homme : la liberté.

Le comportement de l'homme n'est pas seulement réactionnel. Et il y a toujours du ressentiment dans une *réaction.* Nietzsche, dans *La Volonté de Puissance*, l'avait déjà signalé.

Amener l'homme à être *actionnel*, en maintenant dans sa circularité le respect des valeurs fondamentales qui font un monde humain, telle est la première urgence de celui qui, après avoir réfléchi, s'apprête à agir.

---

10. Emmanuel Mounier, *L'éveil de l'Afrique noire.* Editions du Seuil, 1948.

# En guise de conclusion

> La révolution sociale ne peut tirer sa poésie du passé, mais seulement du futur. Elle ne peut commencer avec elle-même avant de s'être dépouillée de toutes les superstitions concernant le passé. Les révolutions précédentes faisaient appel à des souvenirs de l'histoire mondiale afin de se droguer quant à leur propre contenu. Pour atteindre leur propre contenu, les révolutions du XIXᵉ siècle doivent laisser les morts enterrer les morts. Là, l'expression dépassait le contenu ; ici le contenu dépasse l'expression. (K. Marx, Le dix-huit Brumaire.)

J'aperçois déjà le visage de tous ceux qui me demanderont de préciser tel ou tel point, de condamner telle ou telle conduite.

Il est évident, je ne cesserai de le répéter, que l'effort de désaliénation du docteur en médecine d'origine guadeloupéenne se laisse comprendre à partir de motivations essentiellement différentes de celui du nègre qui travaille à la construction du port d'Abidjan. Pour le premier, l'aliénation est de nature presque intellectuelle. C'est en tant qu'il conçoit la culture européenne comme moyen de se déprendre de sa race, qu'il se pose comme aliéné. Pour le second, c'est en tant que victime d'un régime basé sur l'exploitation d'une certaine race par une autre, sur le mépris d'une certaine humanité par une forme de civilisation tenue pour supérieure.

Nous ne poussons pas la naïveté jusqu'à croire que les appels à la raison ou au respect de l'homme puissent changer le réel. Pour le nègre qui travaille dans les plantations de canne du Robert [1], il n'y a qu'une solution : la lutte. Et cette lutte, il l'entreprendra et la mènera non pas après une analyse marxiste ou idéaliste, mais parce que, tout simplement, il ne pourra concevoir son existence

1. Commune de la Martinique.

que sous les espèces d'un combat mené contre l'exploitation, la misère et la faim.

Il ne nous viendrait pas à l'idée de demander à ces
nègres de corriger la conception qu'ils se font de l'histoire. D'ailleurs, nous sommes persuadé que, sans le
savoir, ils entrent dans nos vues, habitués qu'ils sont à
parler et à penser en termes de présent. Les quelques
camarades ouvriers que j'ai eu l'occasion de rencontrer
à Paris ne se sont jamais posé le problème de la découverte d'un passé nègre. Ils savaient qu'ils étaient noirs,
mais, me disaient-ils, cela ne change rien à rien.

En quoi ils avaient fichtrement raison.

A ce sujet, je formulerai une remarque que j'ai pu
retrouver chez beaucoup d'auteurs : l'aliénation intellectuelle est une création de la société bourgeoise. Et j'appelle société bourgeoise toute société qui se sclérose dans
des formes déterminées, interdisant toute évolution, toute
marche, tout progrès, toute découverte. J'appelle société
bourgeoise une société close où il ne fait pas bon vivre, où
l'air est pourri, les idées et les gens en putréfaction. Et
je crois qu'un homme qui prend position contre cette
mort est en un sens un révolutionnaire.

La découverte de l'existence d'une civilisation nègre
au xve siècle ne me décerne pas un brevet d'humanité.
Qu'on le veuille ou non, le passé ne peut en aucune façon
me guider dans l'actualité.

La situation que j'ait étudiée, on s'en est aperçu, n'est
pas classique. L'objectivité scientifique m'était interdite,
car l'aliéné, le névrosé, était mon frère, était ma sœur,
était mon père. J'ai constamment essayé de révéler au
Noir qu'en un sens il s'anormalise ; au Blanc, qu'il est
à la fois mystificateur et mystifié.

Le Noir, à certains moments, est enfermé dans son
corps. Or, « pour un être qui a acquis la conscience de
soi et de son corps, qui est parvenu à la dialectique du
sujet et de l'objet, le corps n'est plus cause de la structure
de la conscience, il est devenu objet de conscience [2] ».

Le Noir, même sincère, est esclave du passé. Cependant, je suis un homme, et en ce sens la guerre du Pélo-

---

2. Merleau-Ponty, *Phénoménologie de la perception*, p. 277.

ponèse est aussi mienne que la découverte de la boussole. En face du Blanc, le Noir a un passé à valoriser, une revanche à prendre ; en face du Noir, le Blanc contemporain ressent la nécessité de rappeler la période anthropophagique. Il y a quelques années, l'Association lyonnaise des Etudiants de la France d'outre-mer me demandait de répondre à un article qui littéralement faisait de la musique de jazz une irruption du cannibalisme dans le monde moderne. Sachant où j'allais, je refusai les prémices de l'interlocuteur et je demandai au défenseur de la pureté européenne de se défaire d'un spasme qui n'avait rien de culturel. Certains hommes veulent enfler le monde de leur être. Un philosophe allemand avait décrit ce processus sous le nom de pathologie de la liberté. En l'occurrence, je n'avais pas à prendre position pour la musique noire contre la musique blanche, mais à aider mon frère à abandonner une attitude qui n'avait rien de bénéfique.

Le problème envisagé ici se situe dans la temporalité. Seront désaliénés Nègres et Blancs qui auront refusé de se laisser enfermer dans la Tour substantialisée du Passé. Pour beaucoup d'autres nègres, la désaliénation naîtra, par ailleurs, du refus de tenir l'actualité pour définitive.

Je suis un homme, et c'est tout le passé du monde que j'ai à reprendre. Je ne suis pas seulement responsable de la révolte de Saint-Domingue.

Chaque fois qu'un homme a fait triompher la dignité de l'esprit, chaque fois qu'un homme a dit non à une tentative d'asservissement de son semblable, je me suis senti solidaire de son acte.

En aucune façon je ne dois tirer du passé des peuples de couleur ma vocation originelle.

En aucune façon je ne dois m'attacher à faire revivre une civilisation nègre injustement méconnue. Je ne me fais l'homme d'aucun passé. Je ne veux pas chanter le passé aux dépens de mon présent et de mon avenir.

Ce n'est pas parce que l'Indochinois a découvert une culture propre qu'il s'est révolté. C'est parce que « tout simplement » il lui devenait, à plus d'un titre, impossible de respirer.

Quand on se rappelle les récits des sergents de carrière

qui, en 1938, décrivaient le pays des piastres et des pousse-pousse, des boys et des femmes à bon marché, on ne comprend que trop la fureur avec laquelle se battent les hommes du Viet-Minh.

Un camarade, aux côtés duquel je m'étais trouvé durant la dernière guerre, est revenu d'Indochine. Il m'a mis au courant de beaucoup de choses. Par exemple de la sérénité avec laquelle de jeunes Vietnamiens de seize ou dix-sept ans tombaient devant un peloton d'exécution. Une fois, me dit-il, nous fûmes obligés de tirer dans la position du tireur à genoux : les soldats tremblaient devant ces jeunes « fanatiques ». En conclusion, il ajoutait : « La guerre que nous avons faite ensemble n'était qu'un jeu à côté de ce qui se passe là-bas. »

Vues d'Europe, ces choses sont incompréhensibles. Certains arguënt d'une prétendue attitude asiatique devant la mort. Mais ces philosophes de bas étage ne convainquent personne. Cette sérénité asiatique, les « voyous » du Vercors et les « terroristes » de la Résistance l'ont manifestée pour leur compte il n'y a pas si longtemps.

Les Vietnamiens qui meurent devant le peloton d'exécution n'espèrent pas que leur sacrifice permettra la réapparition d'un passé. C'est au nom du présent et de l'avenir qu'ils acceptent de mourir.

Si à un moment la question s'est posée pour moi d'être effectivement solidaire d'un passé déterminé, c'est dans la mesure où je me suis engagé envers moi-même et envers mon prochain à combattre de toute mon existence, de toute ma force pour que plus jamais il n'y ait, sur la terre, de peuples asservis.

Ce n'est pas le monde noir qui me dicte ma conduite. Ma peau noire n'est pas dépositaire de valeurs spécifiques. Depuis longtemps, le ciel étoilé qui laissait Kant pantelant nous a livré ses secrets. Et la loi morale doute d'elle-même.

En tant qu'homme, je m'engage à affronter le risque de l'anéantissement pour que deux ou trois vérités jettent sur le monde leur essentielle clarté.

Sartre a montré que le passé, dans la ligne d'une attitude inauthentique, « prend » en masse et, solidement charpenté, *informe* alors l'individu. C'est le passé transmué en valeur. Mais je peux aussi reprendre mon passé, le valoriser ou le condamner par mes choix successifs.

Le Noir veut être comme le Blanc. Pour le Noir, il n'y a qu'un destin. Et il est blanc. Il y a de cela longtemps, le Noir a admis la supériorité indiscutable du Blanc, et tous ses efforts tendent à réaliser une existence blanche.

N'ai-je donc pas sur cette terre autre chose à faire qu'à venger les Noirs du XVII<sup>e</sup> siècle ?

Dois-je sur cette terre, qui déjà tente de se dérober, me poser le problème de la vérité noire ?

Dois-je me confiner dans la justification d'un angle facial ?

Je n'ai pas le droit, moi homme de couleur, de rechercher en quoi ma race est supérieure ou inférieure à une autre race.

Je n'ai pas le droit, moi homme de couleur, de souhaiter la cristallisation chez le Blanc d'une culpabilité envers le passé de ma race.

Je n'ai pas le droit, moi homme de couleur, de me préoccuper des moyens qui me permettraient de piétiner la fierté de l'ancien maître.

Je n'ai ni le droit ni le devoir d'exiger réparation pour mes ancêtres domestiqués.

Il n'y a pas de mission nègre ; il n'y a pas de fardeau blanc.

Je me découvre un jour dans un monde où les choses font mal ; un monde où l'on me réclame de me battre ; un monde où il est toujours question d'anéantissement ou de victoire.

Je me découvre, moi homme, dans un monde où les mots se frangent de silence ; dans un monde où l'autre, interminablement, se durcit.

Non, je n'ai pas le droit de venir et de crier ma haine au Blanc. Je n'ai pas le devoir de murmurer ma reconnaissance au Blanc.

Il y a ma vie prise au lasso de l'existence. Il y a ma liberté qui me renvoie à moi-même. Non, je n'ai pas le droit d'être un Noir.

Je n'ai pas le devoir d'être ceci ou cela...

Si le Blanc me conteste mon humanité, je lui montrerai, en faisant peser sur sa vie tout mon poids d'homme, que je ne suis pas ce « Y a bon banania » qu'il persiste à imaginer.

Je me découvre un jour dans le monde et je me reconnais un seul droit : celui d'exiger de l'autre un comportement humain.

Un seul devoir. Celui de ne pas renier ma liberté au travers de mes choix.

Je ne veux pas être la victime de la *Ruse* d'un monde noir.

Ma vie ne doit pas être consacrée à faire le bilan des valeurs nègres.

Il n'y a pas de monde blanc, il n'y a pas d'éthique blanche, pas davantage d'intelligence blanche.

Il y a de part et d'autre du monde des hommes qui cherchent.

Je ne suis pas prisonnier de l'Histoire. Je ne dois pas y chercher le sens de ma destinée.

Je dois me rappeler à tout instant que le véritable *saut* consiste à introduire l'invention dans l'existence.

Dans le monde où je m'achemine, je me crée interminablement.

Je suis solidaire de l'Etre dans la mesure où je le dépasse.

Et nous voyons, à travers un problème particulier, se profiler celui de l'Action. Placé dans ce monde, en situation, « embarqué » comme le voulait Pascal, vais-je accumuler des armes ?

Vais-je demander à l'homme blanc d'aujourd'hui d'être responsable des négriers du XVII<sup>e</sup> siècle ?

Vais-je essayer par tous les moyens de faire naître la Culpabilité dans les âmes ?

La douleur morale devant la densité du Passé ? Je suis nègre et des tonnes de chaînes, des orages de coups, des fleuves de crachats ruissellent sur mes épaules.

Mais je n'ai pas le droit de me laisser ancrer. Je n'ai pas le droit d'admettre la moindre parcelle d'être dans mon existence. Je n'ai pas le droit de me laisser engluer par les déterminations du passé.

Je ne suis pas esclave de l'Esclavage qui déshumanisa mes pères.

Pour beaucoup d'intellectuels de couleur, la culture

européenne présente un caractère d'extériorité. De plus, dans les rapports humains, le Noir peut se sentir étranger au monde occidental. Ne voulant pas faire figure de parent pauvre, de fils adoptif, de rejeton bâtard, va-t-il tenter fébrilement de découvrir une civilisation nègre ?

Que surtout l'on nous comprenne. Nous sommes convaincu qu'il y aurait un grand intérêt à entrer en contact avec une littérature ou une architecture nègres du IIIe siècle avant Jésus-Christ. Nous serions très heureux de savoir qu'il exista une correspondance entre tel philosophe nègre et Platon. Mais nous ne voyons absolument pas ce que ce fait pourrait changer dans la situation des petits gamins de huit ans qui travaillent dans les champs de canne en Martinique ou en Guadeloupe.

Il ne faut pas essayer de fixer l'homme, puisque son destin est d'être lâché.

La densité de l'Histoire ne détermine aucun de mes actes.

Je suis mon propre fondement.

Et c'est en dépassant la donnée historique, instrumentale, que j'introduis le cycle de ma liberté.

Le malheur de l'homme de couleur est d'avoir été esclavagisé.

Le malheur et l'inhumanité du Blanc sont d'avoir tué l'homme quelque part.

Sont, encore aujourd'hui, d'organiser rationnellement cette déshumanisation. Mais moi, l'homme de couleur, dans la mesure où il me devient possible d'exister absolument, je n'ai pas le droit de me cantonner dans un monde de réparations rétroactives.

Moi, l'homme de couleur, je ne veux qu'une chose :

Que jamais l'instrument ne domine l'homme. Que cesse à jamais l'asservissement de l'homme par l'homme. C'est-à-dire de moi par un autre. Qu'il me soit permis de découvrir et de vouloir l'homme, où qu'il se trouve.

Le nègre n'est pas. Pas plus que le Blanc.

Tous deux ont à s'écarter des voix inhumaines qui furent celles de leurs ancêtres respectifs afin que naisse une authentique communication. Avant de s'engager dans la voix positive, il y a pour la liberté un effort de désaliénation. Un homme, au début de son existence, est toujours congestionné, est noyé dans la contingence. Le malheur de l'homme est d'avoir été enfant.

C'est par un effort de reprise sur soi et de dépouillement, c'est par une tension permanente de leur liberté que les hommes peuvent créer les conditions d'existence idéales d'un monde humain.

Supériorité ? Infériorité ?

Pourquoi tout simplement ne pas essayer de toucher l'autre, de sentir l'autre, de me révéler l'autre ?

Ma liberté ne m'est-elle donc pas donnée pour édifier le monde du *Toi* ?

A la fin de cet ouvrage, nous aimerions que l'on sente comme nous la dimension ouverte de toute conscience.

Mon ultime prière :

O mon corps, fais de moi toujours un homme qui interroge !

# Table